不同文体价值的教学探索

一位小学语文教师的27年课堂生活

叶枚举 ◎ 著

中南大学出版社
www.csupress.com.cn

·长沙·

序

为做好教学工作，我曾呼吁："语文课，用心做语文的事。"

语文的事，就是使学生通过语文实践获得基本的语文素养、提升核心素养。用心，就是教师以课程标准为标准，指导学生凭借教科书这个"例子"以及学生的生活经验，学习运用国家通用语言文字。课程标准、教科书和学生经验应该是教师"心"之所在，"心"之所系，"心"之所用。

阅读教学，是以课文为例子教学生学习阅读，包括习得阅读方法，养成阅读习惯，练就阅读能力，获得审美体验，认识世界和自我，并在阅读揣摩的过程中汲取书面表达智慧，精进书面语表达能力。阅读教学的过程，是使学生既得意又得言，还得法得能得价值体验的过程。

阅读是一种文体思维，写作也是一种文体思维。只要有一点儿写作经验的人都不会否认这一点。具体而言，写作叙事性作品有写作叙事性作品的思维，写作诗歌有写作诗歌的思维，写作说明性文章有写作说明性文章的思维，写作议论文有写作议论文的思维……反之亦然。阅读不同文体就得用对应的文体思维。因此，语文教学要着眼文体，以文体思维来确定教学目标，取舍教学内容，选择教学方法，设计教学程序和评价反馈等。比如，《飞向蓝天的恐龙》是一篇说明性文章，教师要把握住说明性文章的文体特征，引导学生了解文章的说明方法，领悟作者是怎样运用基本说明方法说明事物的，并尝试运用，以提高语言表达的能力。

1

叶枚举老师深谙此道且深有研究。

我在与叶老师的交往中，了解到叶老师是一个有梦想、有主张的优秀教师。特别是近些年，他一直专注于不同文体的教学研究，不仅敏锐地发现了当前不同文体教学中存在的误区，还结合具体文体教学提出了自己的见解、进行了实践论证，并发表了系列论文——陆续在《小学语文教师》《中小学教学研究》《中小学教材教学》等 CN 刊物上发表 20 余篇文体教学研究论文。

基于这样扎实、深入的系统研究，他的专著《不同文体价值的教学探索》便积沙成塔、水到渠成。如果说叶老师平时对文体教学的研究成果是一颗颗珍珠的话，那么《不同文体价值的教学探索》就是一副用"金线"串成的珍珠项链。这串"项链"可以"佩戴"在每位有志于研究文体教学、提高语文教学效果的教师身上，以增其教学实践之光芒。

随着《义务教育课程方案（2022 年版）》和《义务教育语文课程标准（2022 年版）》的全面落实，语文课程实施必将迎来更加精彩纷呈的探索、创新景观，也更加需要千千万万个像叶老师这样锚定目标、躬耕实践、矢志不渝的"一线教师"，更加需要"用心做语文的事"的"一线课堂"，汇聚起用心指导学生过上真正的"语文生活"的磅礴力量。

概言之，语文教学，既要书声琅琅，也要浮想翩翩；既要议论纷纷，也要思想默默；既要走笔沙沙，也要情意绵绵；既要一篇篇文章，也要一本本书；既要明亮的教室，也要广阔的社会……这样一动一静，动静和谐，阴阳交互，循环往复，不仅符合认知规律，还暗合中华民族最古老、最经典哲学之思想。

我想，语文小课堂如此，人生大课堂亦不过如此。

是为序。

黄国才
甲辰春于光泽县老家

自序

我的"教出不同文体价值"的追求之路

从教27年来，我一直从事一线小学语文教学工作，钟情于不同文体教学的实践与探索，形成了激情、智慧、灵动的教学风格，提炼出了"教出不同文体价值"的教学主张。

公开课，生命试炼的地方

1996年，我从泉州师范学校毕业，被分配在一所乡村小学任教，成为一名语文教师。我怀着满腔的热情走上工作岗位。但前行路上，没有人指引，没有人帮助，没有人可依靠，我只是一只孤独的、畏缩在墙角的"毛毛虫"。

怎样才能蜕变成"一只美丽的蝴蝶"呢？"公开课，生命试炼的地方。"全国著名语文特级教师窦桂梅的一句话点醒了我。就这样，"公开课"成了我专业成长的"蜕变点"。

我主动抓住一切机会。几个月后的一天，我突然接到学校通知，学区领导要来听新教师汇报课。我紧张地在一本教参中找到一篇说明文《只有一个地球》的教学实录，连夜从头到尾把教案背了下来，一遍又一遍，直到滚瓜烂熟。然而，到了讲课的日子，当预备铃响起时，学区领导带了十多个人走了进来，这架势让初出茅庐的我一下子懵了。我紧张得手忙脚乱，前言不搭后语，冷汗浸透了前胸后背，脑子里一片迷糊……第一次公开课就这样被我讲砸了。下课后，学区领导们面无表情、一声不吭地走出教室。我低着头，像做错事的孩子忐忑不安地跟在他们后面，做好了挨批的准备。幸运的是，学区领导对我这个年轻教师还是宽容的，自始至终没有批评一句。

"失败是成功之母"，十年磨一剑。2004年9月，我顺利考进城里的学校，又迎来了公开课，执教的是儿童诗《一株紫丁香》。为了上好这堂课，我上网查阅了大量资料，学习了名师的教学实录，搜集了有关赞美老师的诗歌、名言。随着资料的不断丰富，我上课的思路越发清晰，明白了想要上好一节语文课，应先从文本解读开始，把文本读深、读透。慢慢地，我上公开课的机会越来越多了，施展的舞台也更大了。

2014年4月，我站到了更大的舞台上，在泉州市小学语文教学研讨会上进行公开教学，又一次赢得了阵阵掌声。2023年9月，福建省普通教育教学研究室小学语文教研员黄国才老师让我在全省小学语文教学研讨会上上示范课，这让我既欢喜又害怕。怎么办？我首先想到的是请教德化县教师进修学校小学语文教研员黄文杼老师。我们几经探讨，终于选定了神话故事类课文《盘古开天地》。后来，在黄国才老师、陈星老师、黄文杼老师等人的帮助下，我的课在全省小学语文教学研讨会上获得了好评。自诩为"畏缩在墙角的那只毛毛虫"的我渐渐抬起头来。随着对不同文体教学的思考逐渐深入，我也从一个普通的教师，逐渐成长为"教坛新秀""教学能手"，直至市县"教学名师"。

读书，积淀深厚的底蕴

我在乡下学校工作的那几年里，时间特别充裕，可以做自己想做的事情。白天除了教书，就是看书；晚上除了批改作业，就是静下心来写反思、随笔……这样的日子似乎过得很滋润。可有一天，我突然发现周围的同事们都在忙着提升学历，有的参加函授学习，有的参加自考，有的参加脱产培训。不肯服输的我再也坐不住了，思前想后，最终选择了挑战性更大的自学考试。

从此，我踏上了漫长的自学考试之路。每天清晨，我手捧自考书，孤身沐浴在晨风中；每天夜晚，我独坐灯下，让思想之舟在书海里遨游；每当周末，我远离城市的尘嚣，躲进小楼成一统……我已记不清多少次独自前往泉州参加自学考试，但其中的辛苦却仍历历在目。幸运的是，每次考试都能满载而归。2001年春，我凭借自己的努力终于拿到了大专文凭。

正当我暗自窃喜时，周围的同事们又开始忙着读本科了，不服输的我又开始蠢蠢欲动了。可一听说自考本科不仅要读十几门文化课，还要参加英语考试和毕业论文答辩，我有点犹豫了。就在我拿不定主意时，老校长语重心长地对我说："我看好你，而且你比他们更年轻，一定可以的。"老校长的一席话让我坚定了信心，我立即报名参加本科自学考试。三年后，我凭着一股韧劲，顺利拿下了十几门文化课。只剩下英语这门课程了，怎么办？我赶紧买来磁带天天跟读，一到周末，就找英语老师辅导。功夫不负有心人，我在第二年顺利通过了英语自考，离本科文凭又近了一步。

可问题来了，论文答辩怎样才能通过呢？我赶紧联系福建师范大学文学院的方盛良导师。我们多次在电话中探讨写作的题材，最后决定写一写关羽的形象之美。在方老师的指导下，我终于完成了毕业论文。我以"89分"的高分通过了论文答辩。2006年12月，我顺利拿到了本科文凭。多年的自学考试，让我的文化底蕴也不断丰厚。

我除了参加自学考试，还研读专业著作。在读书的过程中，我还"认识"了王崧舟、于永正、闫学、李镇西、刘仁增等一大批教学名师，从他们的著作中知道了什么是诗意语文、什么是情境教学、什么是文体教学等。

厚积而薄发，我这只"畏缩在墙角的毛毛虫"开始酝酿蜕变。

写作，漾开生命的花朵

教出了名堂，学出了成绩。正当春风得意时，一次偶然的机会我与一位教育前辈交流后，一下子脸红了：虽然在工作之余，我也经常写一写反思、随笔，但从未在报刊上发表过只言片语。

于是，我开始把平时写的反思、随笔往各大杂志社投稿，可遗憾的是，所有的稿件都石沉大海。为什么？虽说平时也经常读别人的文章，可那只是在读内容，没有注意人家写的结构、方法、路子呀！我是一个不服输的人，便找出平时撰写的反思、随笔同杂志上的文章进行比较，发现了一些问题：有的观点模棱两可，有的叙述前言不搭后语，有的问题老生常谈，有的策略没有针对性……受到启发后，我开始接触教育类期刊，渐渐地从中摸索出一些写作门道，开始依样画葫芦。

后来，我开始深入研究不同文体的教学，比如有一次听一位教师执教《丑小鸭》一课，我发现这位老师对童话故事的解读出现了偏差。于是，我连夜写了一篇论文《语文教学必须正确把握文本价值取向》，并发表在《新教师》上。再后来，我又对神话故事、寓言故事、民间故事、革命传统故事、散文、小说、古典小说等不同文体进行深入研究，并撰写了《神话故事，怎么教》等相关专题的论文，相继发表在《小学语文》《小学语文教师》《中小学教材教学》等 CN 刊物上。值得一提的是，我发表在《中小学教学研究》上的《革命传统教育类课文"阅读价值"探究》一文被人大复印资料《小学语文教与学》2020 年第 7 期全文转载。

本书是笔者 27 年来课堂生活的积淀，通过丰富的理论知识和翔实的案例，系统地介绍了不同文体价值的教学方法，希望能够帮助一线语文教师提高小学语文教学水平。

叶枚举

甲辰春于瓷都德化

目　录

第一章

从文体价值走向教学价值
——教出不同文体价值

统编版小学语文教科书安排了小说、散文、诗歌、戏剧、记叙文、说明文、议论文、应用文等不同文体的课文……其中，有些课文导读中就明确指出了文体的名称与阅读建议。然而，在实际教学中，许多教师对文体价值把握不准，不能真正教出不同文体的价值。因此，我们要根据不同文章体裁构建适宜的教学策略，实现从文体价值走向教学价值，即教出不同文体价值。

一、教出不同文体价值的背景及依据

(一) 主张提出的背景

教育的最大价值就是引导个体生命形塑美好的人生价值。"学以致其道"，这里的"道"可以理解为"真善美之道"。然而，长期以来，很多教师认为所有的语文课都可以用一种方法来进行教学，即整体感知—字词教学—语言感悟—回归整体—小结作业。如果一位语文教师面对所有的课文都这样进行教学，长此以往，他们必将产生职业倦怠，也会直接影响语文教学质量。因此，当我们面对这些惯性化教学方法的时候，我们的语文教学必将产生更多的"近亲繁殖"。近亲繁殖有很大概率会产生生理缺陷，在语文教学中也是一样的，它可能会使我们的学生对语文课堂敬而远之。

基于此，笔者提出了"从文体价值走向教学价值"的语文教学主张，期

许以此挖掘出更丰富的多元文体教学价值，让我们的学生喜欢上语文课堂，从而提高语文教学的有效性。

(二) 主张提出的依据

1.《义务教育语文课程标准(2022 年版)》

(1)《义务教育语文课程标准(2022 年版)》在第一学段目标中提出："阅读浅近的童话、寓言、故事，向往美好的情境，关心自然和生命……诵读儿歌、儿童诗和浅近的古诗，展开想象，获得初步的情感体验，感受语言的优美。"

(2)《义务教育语文课程标准(2022 年版)》在第二学段目标中提出："能复述叙事性作品的大意，初步感受作品中生动的形象和优美的语言，关心作品中人物的命运和喜怒哀乐，与他人交流自己的阅读感受。"

(3)《义务教育语文课程标准(2022 年版)》在第三学段目标中指出："阅读说明性文章，能抓住要点，了解文章的基本说明方法。"

2. 文体学相关研究

黄国才老师在《语文课：用心做语文的事》一书中指出：要强化文体意识。阅读教学一定要指导学生以适合该文体的思维去"对话"，将心比心、以思悟思，只有这样，"话"才"投机"，对话才能深入——入脑、入心。罗才军老师在《问道语文》一书中指出：语文教学除了注重语言文字的学习运用，还要彰显文体意识。因为它是一种比语言、文字、篇章更高级的语文形式，它是语文的根本。薛法根老师在"文本分类教学"丛书中指出：弄清文本分类，教学更有针对性。

二、教出不同文体价值的主要特质

(一) 指向性

关注文体学习的最终指向是引导学生体验鉴赏性阅读的过程，而不是记住各种文体的特征。这符合《义务教育语文课程标准(2022 年版)》在"教学建议"中指出的："引导学生在学习语言文字运用的过程中，逐步树立正确的世界观、人生观、价值观，体认和传承中华优秀传统文化、革命文化、社会主义先进文化，积淀深厚的文化底蕴，增强文化自信。"

(二)共识性

一般来说，文体自诞生之时便有着作者赋予的"主题价值"，经由众多的阅读者触摸、探寻后，基本上会形成"编者、作者、读者、教者"对主题意蕴理解的一些"视野融合"的"公共面积"。教师在解读时，首先要解读出文体的"基本价值"，即人所共读、人所共知、人所共识的"主题意蕴"。这是正确解读的基石。所谓的"价值引导"偏差，引人误入歧途，其根源就在于没有正确解读文体中蕴藏的"既有的、共识的、主流的、普遍的"价值认识。

(三)深刻性

许多文体作"价值引导"时，基本上是浮光掠影、蜻蜓点水，概念性、象征性地进行着。阐释是一个逐渐深入地揭示文学作品内涵、意义的过程。"思想价值"的解读过程也是一种不断深入、不断深刻解开的过程。如果缺乏从表层到内层，从剥皮见肉、剔肉见骨到敲骨见髓的挖掘，我们的许多解读就会浮于表面，在抽象的概念化的"标签"下原地打转。

(四)多元性

文体的意蕴是丰富无穷的，重要的是靠我们用自己的已有知识、生活阅历、生命体验、情思感悟来应对、交汇、碰撞、融合，在"人与文的对话，文与心的交流"中生发出多姿多彩的意义与价值。阅读的过程，就是读者再创造的过程。文体的丰富性及读者的创造性决定了文体"价值引导"解读的多元性与丰富性。当然，这种价值引导要看文体本身的特征，一般来说，实用性文体"价值引导"的开放度较小，而文学性文体"价值引导"的开放区间更为辽阔。

三、教出不同文体价值的策略探究

在阅读过程中，对文体内容的理解是受文体制约的。就阅读者而言，要把小说当小说读，把散文当散文读，把古典小说当古典小说读……不仅指阅读取向，而且预示着各种不同的阅读方法。因此，教学过程也需要从文体入手，确定教学内容，选择教学方法，培养学生将文体惯例和准则吸收进阅读经验的能力，使他们能在阅读中读出不同文体的价值。受篇幅限制，本小节主要分析小说、散文、古典小说、实用文四种不同文体的特征，并提出相应的教学策略。

（一）强化文体意识，把准文体特征

1. 小说的文体特征

小说是一种以刻画人物形象为中心、通过完整的故事情节和环境描写来反映社会生活的文学体裁。人物、情节、环境是小说的三要素。

（1）人物形象：人物的核心是思想性格，人物描写的角度有正面描写和侧面描写。正面描写包括外貌、语言、动作、神态、心理等，侧面描写通常以他人或事物来反映该人物，又叫侧面烘托。小说塑造人物，一般含虚构和改编真实人物两种情况，可以以某一真人为模特儿，综合其他人的一些事迹。如鲁迅所说："人物的模特儿，没有专用过一个人，往往嘴在浙江、脸在北京，衣服在山西，是一个拼凑起来的角色。"任何一部优秀的小说，总有使人难忘的典型人物。也就是说，人们可以通过这些艺术典型的"镜子"，看到、理解许多人的面目。

（2）故事情节：故事情节指作品所描写的事件发展、演变的全过程。其一般结构为"（序幕）—开端—发展—高潮—结局—（尾声）"。故事情节来源于生活，是现实生活的提炼，但比现实生活更集中、更有代表性。现实生活中事物的发展变化往往是有始有终、有起有伏的，并有一定发展过程，小说叙述也遵循着现实生活发展的逻辑。这个过程一般分为开端、发展、高潮、结局四个部分，有时还有序幕和尾声。在作品中，情节的安排取决于作者的艺术构思，并不一定按照现实生活中的事件发生、发展的自然顺序进行，有时可以省略某一部分，有时也可颠倒或交错。

（3）环境描写：环境描写指对人物活动的环境和事情发生的背景进行描写。一部好的小说总能让人身临其境、感同身受，而不像一般科学报告那

样显得枯燥乏味。环境描写分为自然环境描写和社会环境描写。自然环境描写是指对人物活动的时间、地点、季节、气候及花草鸟虫的描写，作用是渲染故事气氛、烘托人物形象、推动情节发展、暗示社会环境、深化作品主题；社会环境描写是指对人物活动的具体背景、处所、氛围以及人际关系等进行的描写，作用是交代人物的生存环境、社会关系以及作品的时代背景。

另外，小说具有以下六个特点：

（1）价值性：小说的价值本质是以时间为序列、以某一人物或几个人物为主线的，从不同角度反映社会生活中各种人和事的价值关系（政治关系、经济关系和文化关系）的产生、发展与消亡过程，能够给读者带来美的享受和思考，对读者的思想和情感产生积极的影响。

（2）容量性：与其他文学体裁相比，小说的容量较大，它可以细致地展现人物性格和人物命运的变化，表现错综复杂的矛盾冲突，同时还可以展现人物所处的社会生活环境。

（3）情节性：小说主要是通过故事情节来展现人物性格、表现文本主题的。故事来源于生活，但它通过整理、提炼和安排，就比现实生活中发生的真实事例更加集中，更加完整，更具有表达力。

（4）环境性：小说的环境描写和人物塑造对深化主题有重要的作用。在环境描写中，社会环境是重点，它揭示了种种复杂的社会关系，如人物的身份、地位、成长的历史背景等。自然环境包括人物活动的地点、时间、季节、气候、景物以及场景等，不仅提供人物活动的背景，也对表达人物言行、心理变化起着烘托、渲染的作用。

（5）发展性：小说是随着时代的发展而发展的，魏晋南北朝文人的笔记小说，是中国古代小说的雏形；唐代传奇的出现，尤其是三大爱情传奇的产生，标志着古典小说正式形成；宋元两代，随着商品经济和市井文化的发展，出现了话本小说，为小说的成熟奠定了坚实的基础；明清是中国古代小说发展的高峰时期，出现了我国文学史上的"四大名著"。

（6）复杂性：小说更具复杂性、连贯性，尤其是长篇小说，往往线索众多，错综复杂。近现代小说，情节不但完整，而且多变，突出表现在打破故事情节的顺序结构，摒弃作品叙述人完整描述故事的单一方法，而通过不同角度，运用各种技巧描写，体现情节的完整。当代一些借鉴"意识流"手法创作的小说,表面上时空颠颠倒倒,过去、现在、未来,交杂无序,时代氛围、人物场所、具体环境,穿插叠映;但根据小说人物的意识流向和事件的因果关系,可以发现,情节在变化中仍然是完整一体的。

2.散文的文体特征

散文是与诗歌、小说、戏剧并称的一种文学体裁,指不讲究韵律的散体文章,包括杂文、随笔、游记等,主要通过文字来表达作者的感受和思考,不拘泥于特定的写作方式,可以是叙事、抒情或议论。其有三个特点:一是感受的真挚、新颖与自然。正如巴金所说,作者是把心交给读者。这是散文最基本的特点。二是题材和样式的多样化。散文在材料的使用和表现的形式上,有着远远超出其他文体的更多、更大的自由。这是散文相当重要的一个特点,其他任何文学体裁都无法与之相比。三是语言的生活化。散文语言又被称为娓语体、家常体。所谓娓语、家常语,都是说散文的语言具有口语化的特点,散文语言和语言表达的这个特点,与散文主要是抒发人生感受有着密切的关系。

另外,散文以记叙、抒情、论理等表达方式为主。

(1)叙事散文:或称记叙散文,以叙事为主,叙事情节不求完整,但很集中,叙事中的情渗透在字里行间。侧重于在叙述人物和事件的发展变化过程中反映事物的本质,具有时间、地点、人物、事件等因素,从一个角度选取题材,表现作者的思想感情。

(2)抒情散文:指以描绘景物、抒发作者对现实生活的感受、激情和意愿的散文。注重表现作者的思想感受,抒发作者的思想感情。这类散文有对具体事物的记叙和描绘,但通常没有贯穿全篇的情节,其突出的特点是强烈的抒情性。

(3)哲理散文:哲理,是感悟的渗透、思想的火花、理念的凝聚、睿智的结晶。它纵贯古今,横亘中外,包容大千世界,穿透人生社会,寄寓于人生百态、家长里短,内涵丰厚、耐人寻味。

3.古典小说的文体特征

古典小说的本质是小说,是主要以描写人物故事、塑造人物形象为主的文学作品。现行小学语文统编版教科书中古典小说题材并不多，但编者在编排这些课文时，选择了根据名著改写的现代文《将相和》《草船借箭》和从原著中节选的《景阳冈》《猴王出世》《两茎灯草》，这体现了由易到难的编排顺序，旨在带领学生走进中国古典名著，让学生对阅读古典名著产生兴趣。古典小说主要有以下几个特点：

（1）注重人物动作、语言和细节描写。在矛盾冲突中显示人物性格；人物性格单一，缺少变化；把刻画人物的动作、语言和具有典型意义的细节作为塑造人物形象的重要手段，而很少涉猎人物的内心世界。如《三国演义》一书中的张飞，只有忠诚勇猛的性格，无论是外部特征——刚硬的扎须，还是外在的行动——大吼三声，都只是为其勇猛的性格描写服务的，人物形象不够丰满。

（2）情节曲折、故事完整。如唐传奇布局雄伟，情节发展有戏剧性，头尾完整，复杂矛盾冲突始终围绕一条主线。茅盾曾评价《水浒传》的结构具有如下特点：故事的发展前后勾连，一步紧跟一步，但又疏密相间，摇曳多姿，手法变化错综，避免平铺直叙。

（3）重视环境描写。起到画龙点睛和渲染气氛、烘托人物心情的作用。

（4）叙述时常带有说书人的印记，行文常是说书人的叙述口气，如"看官听说""且把闲话休提""只说正话"等，具有说书人讲故事的口语化色彩。

4. 实用文的文体特征

实用文是一种客观地说明事物或阐明事理的文体，目的在于给人以知识，或说明事物的状态、性质、功能，或阐明事理。实用文主要有以下几个特点：

（1）知识性：人们之所以要写实用文，是因为要通过这一传播媒介，把用劳动和智慧创造的文明和知识一代代传下去。好的实用文，能具体详尽地为读者提供某一方面的知识，能解决诸如"这是什么"或"这是为什么"的问题。

（2）客观性：其一，作者在写作实用文时，其写作态度是客观的，不管是对实体事物的说明，还是对抽象事理的说明，都必须如实反映客观事物，一般不带主观感情色彩，也不表示作者的价值倾向；其二，文章所介绍的知识必须是符合客观实际的，具备客观的科学性。

(3)实用性：实用性文本出于日常生活的需要，以解决问题为导向，具有明确的目的性、直观性和可操作性。事实上，诸如工农业生产、商业营销、文教卫生、体育运动、生活学习，哪一方面都离不开实用文。如产品说明，设备保养方法，情报资料，教科书，工具书，各种建筑、人物及风土人情的介绍以及科学小品文等，真是数不胜数。

(二)依据文体施教，教出文体价值

1.教出小说的文体价值

"塑造人物形象"和"反映社会生活"是小说类课文教学的重点。那么，教学时应如何处理好"人物""情节""环境"三者之间的关系？在教学时，可从"小说三要素"入手，增强学生的文体意识，引导学生从会读这几篇课文到会读小说类文章，让学生习得阅读小说的方法，提升学生的阅读能力和表达能力，达到"教是为了不教"的目的。

(1)梳理故事情节，感知人物形象。小说的故事情节一般包括开端、发展、高潮、结局四个部分，往往通过制造冲突、设置悬念、留下空白等增强小说的趣味性，是小说"三要素"中最关键的一环。因此，帮助学生梳理故事情节，把握小说情节间的内在联系，是学生感知人物形象的重要方法。

(2)借助环境描写，感受人物形象。小说除了通过故事情节来刻画人物形象，还借助环境描写来烘托人物形象。因此，在教学时，不能光引导学生理解环境描写的作用，还要将环境描写与感受人物形象结合起来，从中发现小说的环境描写不是随意添加的，而是为了渲染氛围、表达情感、推动故事情节发展和烘托人物形象的。

(3)抓住人物描写，品析人物形象。小说往往通过语言、动作、心理等描写来刻画人物形象，因此，要引导学生抓住人物描写，走进人物内心世界，品析人物的鲜明形象。小说与一般叙事性文章不同，在引导学生品析人物形象时，还要结合环境描写、情节描写，在情节冲突中体会人物形象。

2.教出散文的文体价值

散文给学生带来的是视觉的吸引、想象的美好、情感的丰盈，是对美的多重体验。因此，在散文类课文教学中要正确把握阅读价值，让学生获得审美体验。

(1)借助想象，感受散文画面之美。优美的散文，意境隽永，具有丰富的审美价值。因此，教师要善于引导学生借助想象的翅膀，使散文画面之美完全展现在学生面前。

(2)细读品味，体会散文语言之美。散文的语言具有朴素、自然、流畅、简净等特点，比其他文体情感更丰富、更细腻、更真挚。因此，教师要引导学生咬文嚼字，品味散文语言之美。

(3)诵读涵泳，领略散文情感之美。散文，有着诗一般的情韵和行云流水般的美，蕴含着作者对自然、生活、生命等的体验。因此，教师要引导学生通过诵读涵泳感受作者表达的情感，达到"文我相融、情我相同"的境界，领略散文情感之美。

(4)习得写法，体验散文表达之美。散文往往形散神聚，行文看似闲庭信步，漫不经心，实则是围绕一个中心来写的。因此，教师要引导学生以体悟文本表达之美为主线，习得写作方法，体验散文表达之美。

3.教出古典小说的文体价值

古典小说是语文教学中一个重要的组成部分，是我国古代文学家集体智慧的结晶，是我国文化宝库中不可或缺的一部分。学生通过古典小说的阅读和学习，不仅可以提升自身的阅读能力、写作技巧以及艺术表现能力，同时还可以汲取古代先哲们的思想精髓，树立优良的品质。

(1)整体感知，把握故事情节。一般来说，学生读古典小说，最先关注的是故事情节：主要讲了一件什么事，结果怎么样。因此，教学时应遵循学生的阅读规律，引导学生把握故事情节。

(2)品味细节，感悟人物形象。入选统编版教科书的古典小说类课文，虽然只是节选的片段，但细节描写生动传神，人物形象的刻画也非常鲜明。因此，可以通过对比、想象，感悟丰富的人物形象，品味精彩的细节描写。

（3）聚焦词句，领悟精妙语言。古典小说的语言典范、隽永，特别是入选统编版教科书的片段，语言更是生动凝练。因此，教师在教学时要引导学生深入咀嚼关键词句，从中领悟经典语言的魅力，并迁移运用，提升"语用"价值。

（4）多重串联，提高阅读兴趣。古典小说每一回故事都是相对独立的，但前后相互勾连。入选统编版教科书的几篇课文，开篇都比较突然，甚至没有交代清楚前因后果。因此，教师要以课文故事为基点，引导学生阅读原著、阅读整本书，以激发学生的阅读兴趣。

4.教出实用文的文体价值

实用文是以真实需要为目的而写的文章，对人们获取信息、解决日常生活和工作中的问题，具有极其重要的作用。对于未成年的小学生来说，实用文阅读教学更是具有不可代替的价值。因此，一定要站在作者、编者、读者、教者的立场，冷静地去审视我们当下实用类文体教学的现状，并充分认识其"阅读价值"，精心设计教学路径，帮助学生提升阅读实用文的能力。

（1）明确任务，精准把握信息。实用文是以真实需要为目的而写的文章，人们可以从中获取信息，解决日常生活和工作中的问题。但在获取和处理信息的过程中，容易偏离目的或受到其他信息的干扰，导致获取的信息不准确。因此，教师在指导学生阅读实用文时要帮助学生判断所获取的信息是否与任务要求一致，从而精准把握信息。此外，还要给足学生阅读实用文的时间和空间，让他们根据任务要求多次阅读文本，精准把握信息，提高获取和处理信息的能力。

（2）关注文体，训练言语表达。实用文主要包括科普文、说明文、议论文、演讲稿、应用文等，是为了传递信息、沟通交流、处理事务而写的文体，具有内容实用真实、语言表达严谨准确、说明方法巧妙等文体特征。因此，教师要根据实用文的特征，深入挖掘语言分析的要点，提升学生的语言文字运用能力。

（3）挖掘内涵，发展批判思维。实用文阅读教学最重要的目标有两个：一是理解——理解原文的内涵；二是批判——批判原文的内容与形式。可见，实用文阅读不能只停留在信息获取、语言分析上，还要引导学生在理解文本的基础上，深入挖掘文本内涵，审辨和批判文本信息，结合自身经验认识世界，走进现实生活。基于此，教师可以引导学生从实用性阅读走向实用性写作，发展批判思维能力，满足生活需要。

四、教出不同文体价值的操作说明点

(一)提倡立体式解读

针对一篇文章，我们提倡多角度、多侧面的立体式解读，从文本内容、表达方法、人物形象、蕴含道理等诸多方面进行研究，让不同文体所传达的诸多信息在学生头脑中汇总、撞击、融合，为教学目标、重点、难点的确定提供必要的信息基础。

(二)提倡纵深式解读

教师解读时要深入、透彻，切忌浅尝辄止。要在大量占有文本信息的基础上，遵循一般阅读规律，把研读的重点、难点筛选出来进行深入思考，形成比较全面、透彻的理解。

(三)提倡有宽度解读

学生阅读的宽度与深度、高度紧密相连，因此，教师在进行教学设计时，应该多方面查找资料辅助理解，丰富自己对文本内容的解读。

(四)提倡有创见解读

教师应在透彻、全面、深入解读的前提下，在前人的基础上，不断思考，提炼自己的观点，形成独特的见解，以在教学中既能做到游刃有余，又能在讨论中适时地亮出自己的观点供学生参考，提升师生对话的质量。

第二章

故事类文体价值的教学探索

第一节　故事类文体的特征

口头性是故事类文体的基本特征，是故事类文体之所以能够在社会中存在并发展的基础，同时也是故事类文体区别于其他文体的根本标志。虽然现代故事已由过去的口耳相传故事演变为书面故事，但它的口头性特征没有改变。故事类文体的口头性特征就是易听、易记、易讲、易传，由此可以延伸出五个特征，即内容的情节性、线索的清晰性、情节的趣味性、点子的超常性、语言的口头性。

一、内容的情节性

故事类文体是以情节见长的一种语言艺术。故事的生命力在于流传，故事的流传说到底就是情节的流传。可以说，没有情节就没有故事，因此"情节见长"是故事的自然属性。故事以情节为主，是为了满足人们"易讲""易记"需要的，比如一个生动、有趣的故事，只要讲一遍，就令人印象深刻，甚至把它印在心里，永生难忘。

二、线索的清晰性

故事类文体要求线索清晰，是由人们"听"与"读"的习惯不同所决定的。"听"是"一次性"的，听不明白，没法"倒回"再听；"读"则可以重复，读不明白，可以返回再读。因此，为了让人们听得明白、听得下去，故事的线索应清晰，即线索单一、简洁、有条理。如果线索多了，或者像有些小说那样，线索相互交叉、纠缠，势必会给人一种杂乱无章的感觉，让人听不下去。故事人物的姓名也要为"听得明白"服务，如络腮胡、刀疤脸、李油嘴、张大傻、李大憨、小诸葛等这些人名，很容易与人物对上号。

三、情节的趣味性

故事类文体光有清晰的情节还不够，还得有悬念。所谓悬念通俗地说就是让人想听下去、看下去的念头，也就是作者有意设置一个疑团，让读者渴望得到答案，却又得不到，促使读者看下去，非弄个水落石出不可。如果故事没有悬念，情节就不会吸引人，这样的作品是没有市场的，这就要求故事情节具有趣味性。

四、点子的超常性

故事类文体要有超常性的点子，要有"高于生活"的故事核，也就是要有读者想得到的"谜底"。如果一篇故事情节性很强，线索也很清晰，悬念也有，文字也很流畅，读者看到最后却没有想得到的东西，就会有一种被骗的感觉，这样的作品是没有市场的。因此，故事要有悬念，一篇故事可以只有一个悬念，开头即设，最后才解；也可有好几个悬念，不断设，不断解。

五、语言的口头性

故事类文体一般采用口语化语言，具有通俗易懂、自然朴实、形象生动、琅琅上口、易传易记等特点，而不使用文绉绉的、难讲、难记的书面语言。

第二节　故事类文体的价值

故事是人类追求知识、表达思想、传递情感的重要方式，是人类文明和文化的重要组成部分。无论是古代的神话传说，还是现代的小说、电影、动画等作品，都是通过故事来传达人类的智慧、情感和价值的。故事类文体价值主要体现在以下几个方面。

一、传达情感和价值观

人们通过故事，可以更好地理解和接受一种价值观或情感；故事中的人物、情节、语言等，可以向人们传达一种情感或者价值，让人们更好地思考人生、生命和社会。

二、启发人们思考和想象力

故事中所包含的各种元素可以帮助人们拓宽视野，开拓思维，激发思考和想象力。故事可以给人们创造出另一个更为美好的世界，让人们在想象和现实之间建立联系，拥有更全面、更深刻的理解。

三、帮助人们学习和认识世界

人们通过阅读各种故事，可以了解丰富多彩的文化、历史和社会背景，学习宝贵的经验和智慧，建立起对世界更深刻的认识和理解，提升思考和分析的能力。

第三节　故事类文体教学的误区

现行统编版小学语文教科书中，故事类文体在各册教材中占有很大的比例，大体可分为童话故事类、神话故事类、寓言故事类、民间故事类、革命故事类和一般故事类。这类文体的内容具有很强的故事性，文章条理清楚、层次分明，学生阅读起来饶有趣味。然而，在实际教学中，许多教师对故事类文体的教学价值把握不准，致使故事类文体教学中出现了不少问题。

一、课堂牵引化

在故事类文体教学中，很多教师对学生统一要求，或带着问题思考，或根据要求填空，或围绕句子进行比较。在课堂上，我们很难看到学生主动学习，也看不到教师对学情的关注，学生完全是在教师的牵引下被动地完成学习任务。

二、内容碎片化

在故事类文体教学中，很多教师把理解故事内容作为教学重点，教师只是让学生读读故事，说说故事的起因、经过、结果，接着对重点词句零敲碎打，把文本语言讲得支离破碎，最后再让学生用自己的话讲述故事内容，这样就完全忽视了故事类文体的教学价值。

三、拓展过度化

在故事类文体教学中，很多教师在课堂上总是习惯拓展各类教学资源，希望开阔学生视野，加深学生对故事的了解。但课堂教学时间有限，若大量资料充斥课堂，势必挤占学生的学习时间，也消解了学生对词句表现力的感悟。

四、教学模式化

在故事类文体教学中，很多教师是按照"听故事、读故事、演故事、编故事"这样的套路进行教学的，缺少变化，缺少新意，使教学走向教条，走向乏味。

第四节　故事类文体教学的策略

针对当前故事类文体教学中存在的问题，我们必须把握此类文体的特点、教学价值及教学取向，确定适宜的教学策略，只有这样才能提高语文教学的实效性。

一、感受故事波折，丰富想象能力

入选教科书的故事类文本大多情节曲折，一波三折，处处充满悬念，能深深吸引读者。如二年级下册《亡羊补牢》这一文本讲述了一个放羊人在羊圈第一次破了个窟窿后，不听街坊劝告，结果再次丢羊，他很后悔。于是，这个放羊人赶紧修补羊圈，羊就再也没丢过。作者在故事中讲述了放羊人两次丢羊。那作者为什么不直接写放羊人第一次丢羊后，就把羊圈的窟窿补上呢？这就是故事的魅力所在，一波三折，富有悬念，只有这样才能吸引读者往下看。这时，我们就要思考：这个故事的教学价值在哪？

结合单元内容，我们可以发现这单元课文都是讲述一些有趣的故事，告诉我们应该怎样看问题、怎样想问题。结合课后习题，这一单元的训练重点是联系生活体会故事蕴含的道理。因此，在教学《亡羊补牢》这篇课文时，可以先指导学生了解故事内容，接着启发学生思考："这个放羊人错在哪？造成了什么样的后果？"

生：放羊人不听别人劝告，造成再次丢羊的后果。

师：你们有没有这样的经历呢？

生：有一次，我在街上吃西瓜，随手把西瓜皮往后一扔，同伴劝我捡起来，我不耐烦地说："我又不往回走。"这时，有人在后面大声喊："谁的玩具丢了？"我一摸口袋，糟了，是我的。我赶紧往回跑，结果踩上了那块西瓜皮，脚下一滑，摔了个四脚朝天。我后悔极了。

师：你们积累了哪些有关这方面的词语呢？

生：一错再错、一悔再悔、一哭再哭……

师：那你们能不能选择其中的一个词语，来写一写自己经历过的事呢？

生1：我选择的是"一悔再悔"。有一次，我的口袋破了个洞，把零花钱弄丢了，但我不在意；第二次，朋友送的小玩意又从口袋里掉了出来。我后悔不已，赶紧把口袋补上。

生2：我选择的是"一错再错"。有一次，我没背课文被老师抽查到了；我以为老师第二天一定不会再抽查我，结果我又被抽查到。真是错上加错。

生3：我选择的是"一哭再哭"。有一次，我学滑滑板时，旁人劝我不要急于求成，我不听劝告，一只脚刚踩上去，就摔了个"狗啃泥"，我痛哭一场。但我不服输，又爬了起来，准备再踩上去，旁人又劝说起来，我不耐烦地说："你别说了。"结果我刚踩上去，又狠狠地摔下来。我哭得更伤心了……

随后，教师可以引导学生给自己写的这一段话拟个小标题。这样的教学，可以让学生感受到故事的一波三折，同时，又将课后习题结合起来思考问题，教学效果自然不错。

二、立足学段目标，彰显教学价值

《义务教育语文课程标准(2022年版)》不仅从文化自信、语言运用、思维能力、审美创造四个方面提出了总的目标，而且针对不同学段也提出了具体的教学目标。其在第三学段的"阅读与鉴赏"中明确提出："一是在阅读中了解文章的表达顺序，体会作者的思想感情，初步领悟文章的基本表达方法。在交流和讨论中，敢于提出看法，作出自己的判断。二是阅读叙事性作品，了解事件梗概，能简单描述自己印象最深的场景、人物、细节，说出自己的喜爱、憎恶、崇敬、向往、同情等感受；阅读诗歌，大体把握诗意，想象诗歌描述的情境，体会作品的情感。受到优秀作品的感染和激励，向往和追求美好的理想。"以《詹天佑》这篇课文为例，课文通过事件阐释詹天佑的爱国精神，更着力通过叙述与描写来展现詹天佑的形象和爱国情怀。如"勘测线路"这一部分，作者通过事件、情节来表现詹天佑不畏艰险、勇于攻关的精神和矢志不渝的筑路情怀；还通过描写和渲染恶劣的气候、危险的处境、险要的地形来突显人物形象，诠释精神境界。

在教学时，我们应立足学段目标与要求，结合课文特点，确定教学内容与目标。以《詹天佑》一课为例，其教学重点主要有两个：一是读懂"詹天佑"，体会其杰出智慧与爱国情怀；二是读懂《詹天佑》，领悟文章表达的方法。因此，在教学这篇课文时，教师可以先让学生梳理课文的结构，接着体会作者选择"勘测线路""开凿隧道""设计线路"三件事的意图，再通过品词析句体会詹天佑的杰出智慧与爱国情怀。然后，引导学生通过揣摩、比较，领悟作者是如何把这几件事组织起来的，再通过几个"假如"，引导学生发现作者的写作秘密，如"假如不写外国报纸的嘲笑，可以吗？""假如不写帝国主义的阻挠与要挟，可以吗？""假如不介绍南口以北的地形地势，可以吗？"……在这样的教学中，教师让学生体会作者的写作动因与谋篇布局的匠心所在，从而领悟《詹天佑》一文独特的表达方式。最后，让学生以记者的身份为京张铁路修建成功写一篇新闻报道，让其活用课文中的语言材料，简述铁路修建过程，评述修筑成功的意义等。这样的教学，既达成了学段目标，又彰显了课文的教学价值。

三、渗透写作方法，培养思维能力

叶圣陶先生说过："阅读是吸收，写作是倾吐，倾吐能否合于法度，显然与吸收有密切的联系。"可见，写东西就要靠平时积累，接触的文章多了，各种表达方式自然而然更加熟悉，可用的语句也就多了，写起来便得心应手。当然，不同的文章有不同的表达形式。以故事类文本为例，常用的表达方法有正面描写、侧面描写、对比描写、动静结合、场面描写等，如《想别人没想到的》这篇课文，文中的三位小徒弟用不同的方法来表示骆驼的数量多，但只有小徒弟的画得到了师傅的称赞。为什么呢？因为这位小徒弟做到了想别人没想到的。在这个故事中，作者就是通过对比描写，表现了小徒弟的想法与众不同。

因此，在教学《想别人没想到的》这篇课文时，可以先让学生整体感知课文内容，并说一说课文讲了一件什么事。接着，让学生说说三个徒弟分别用什么方法来表现骆驼的数量多。随后，可以启发学生思考：为什么小徒弟的画能得到师傅的称赞？这时，学生可能说出小徒弟的想法与众不同。我们不能满足于此，可以继续启发：既然小徒弟画的骆驼最多，作者为什么不直接写小徒弟画骆驼，还要写其他两个徒弟呢？经过小组讨论后，学生就会发现文本的写作秘密：作者只有通过对比的写法，才能衬托出小徒弟的方法更加奇特。于是，可以设计这样的练笔："假如你是四徒弟，那么你又有什么好的方法画出更多的骆驼呢？"问题一出，学生就会立即讨论起来，各种方法自然跃然纸上，从而能培养学生的思维能力。这样的教学，不仅渗透写作方法，还让学生在练笔中发散思维，学以致用。

四、发掘言语秘妙，提升表达能力

入选小学语文教科书的故事类文本，不乏富有情趣、耐人寻味的精妙语言，有的精练得当，能使我们有效地和别人沟通；有的机智巧妙，能帮助我们摆脱尴尬局面；有的幽默风趣，能愉悦我们的身心。因此，我们要善于发现、感受语言表达的艺术。如《晏子使楚》这篇课文，晏子的外交辞令妙不可言。身为外交官的晏子，在基于礼节的情况下，拿捏好言语分寸，顺利完成使命。那么，晏子的外交辞令妙在哪呢？妙在他面对楚王的侮辱，先肯定对方再顺势反驳，维护了个人和国家尊严，也完成了使命。第一次，楚王要侮辱晏子钻"狗洞"，晏子采取假设的方法，由此推论楚国是"狗国"，让楚王败下阵来。第二次，楚王嘲笑齐国无人、晏子无能，晏子采取夸张的方法告诉楚王齐国人才济济，接着用假设的方法，说自己最不中用，只能派往下等国家，又让楚王败下阵来。第三次，楚王嘲笑齐国人没出息，晏子采用举例子的方法，影射楚国的环境恶劣，再让楚王败下阵来。

因此，在教学《晏子使楚》这篇课文时，可以先让学生在整体感知课文内容的基础上，找出描写晏子的语言，在品词析句中感受晏子语言的精妙。但还不能满足于此，可以继续设计这样的练笔："假如晚上，楚王请晏子吃点心，又在晚宴上侮辱晏子，晏子又会作出怎样的回答呢？请你结合文中晏子采用的假设、夸张、举例子等方法写一写他们的对话。"学生在课文学习的基础上，自然能运用所学的方法写出许多精彩的句子。

总之，在故事类文体教学中，我们要从品析语言文字入手，使学生在体会人物形象及其意义的过程中，领悟课文的表达特点，加强语用训练，提高语用能力，这样方能彰显故事类文本独特的价值。

第五节 《慢性子裁缝和急性子顾客》教学设计

一、课文简说

《慢性子裁缝和急性子顾客》一文是统编版语文教科书三年级下册的一篇精读课文,以故事主要人物作为题目,"慢性子""急性子"直接点明了两个人物截然不同的性格特点。急性子顾客迫不及待地想要穿上新衣服,四天内不断变换要求;慢性子裁缝却没有一点儿不耐烦,始终不慌不忙地回应。整个故事妙趣横生,读来让人忍俊不禁。

故事篇幅较长,几个表示时间的词句"故事发生在冬天""第一天""第二天""第三天""又过了一天"清晰地串联起整个故事。故事主要通过对话来展开情节,塑造人物。如第 8~13 自然段,裁缝说服顾客在他这里做衣服,裁缝的话层层推进,逻辑严密,急性子顾客"不得不承认裁缝说的有道理";再如第 20~29 自然段,顾客急急忙忙地要求改成春装,而裁缝却慢悠悠地说不行,顾客泄气了,这时裁缝又慢悠悠地说行,而这个"行"却让顾客"瞪大了眼睛",颇有相声抖包袱的艺术效果。

此外,这个故事的语言表现力较强,体现了顾客"急"和裁缝"慢"的性格特点。如第 2 自然段的"等不及""性子最急",第 5 自然段的"噌的一下子跳起来",第 7 自然段的"夹起布料就要走",都表现出了顾客的急不可耐。

二、教学目标

(1)认识"缝""箱"等 12 个生字,读准多音字"缝""夹",会写"性"等生字。

(2)分角色朗读课文,能读出裁缝和顾客对话时的语气,并抓住人物的语言、动作和心理,体会人物的性格特点。

(3)借助关键词,学习转述故事中人物的语言。

(4)能用合适的方法,把故事讲得吸引人,同时能够认真听别人讲故事。

三、教学重难点

借助关键词,学习转达故事中人物的语言;能用合适的方法,把故事讲得吸引人。

四、教学过程

(一)出示课题,读出趣味

(1)揭示课题。

(2)指导朗读。

【设计意图:充满情趣的课题朗读,可以激发学生的学习兴趣,从而让学生更好地融入学习之中。】

(二)理清顺序,有序复述

(1)学习多音字:裁缝,裂缝;夹袄,夹起布料。

(2)课文按照什么顺序来写?

(3)第一天顾客的要求是什么?裁缝如何反应?

(4)默读课文,并用"◯"画出顾客的要求,用"▭"画出裁缝的反应。顾客的要求、裁缝的反应总结如下表所示。

时间	急性子顾客的要求	慢性子裁缝的反应
第一天	做今年冬天的棉袄	明年冬天取
第二天	改成夹袄	为您服务,没说的!
第三天	改成短袖衬衫	好办得很,没问题!
又过了一天	改成春装	还没裁料呢!

(5)根据上述表格,简要复述故事内容。

【设计意图:在字词教学部分,立足于学生。让学生通过课前预习,找出字词学习的难点,通过查阅字典、联系生活、联系上下文等方式,扫清字词障碍。借助上述表格让学生简要复述故事内容,对课文进行整体把握,并为接下来生动具体地讲好故事打下基础。】

(三)关注人物,积累素材

(1)体会顾客的"急"。

①让学生找出相关词句。

②指导朗读。

(2)体会裁缝的"慢"。

①让学生找出相关词句。

②指导朗读。

(3)分角色朗读。

(4)思考:裁缝说了什么把顾客留住了?

①指导学生读好每句话。每句话分别抓住了顾客什么心理?

②让学生抓住关联词,读好裁缝的话。

【设计意图:本课人物对比强烈,裁缝慢条斯理,顾客急于求成,作者通过语言、动作等细致描写,将两者的性格特点鲜明地刻画出来了。因此,引导学生发现他俩"急"与"慢"的特点,学生既可以对故事内容进行进一步了解,又可以关注到细致描写,为下一环节生动具体地讲故事积累了语言素材。】

(四)详细复述,交流评价

(1)师生合作,根据梳理情况,练习讲故事。

(2)同桌练讲"第一天"故事,并出示评价标准。

(3)学生展示、评价,学生作为小评委,评选"故事小达人"。

(4)课堂小结。

【设计意图:师生合作讲故事,不仅降低了学生首次讲故事的难度,也为之后学生运用关键信息讲故事指明了方向。"故事小达人"候选人选拔的情境创设,可以激发学生讲故事的积极性,同时利用评价标准,引导学生关注详细讲故事的要求。"小评委"的安排旨在培养学生养成倾听的习惯,引发其对如何讲好故事进行思考。】

五、作业设计

(一)趣味故事有启发

(1)通过学习,你想对急性子顾客说些什么?你又想对慢性子裁缝说些什么?动笔把你想说的话写下来吧!

(2)在生活中,你是急性子还是慢性子?应该怎么做,才能让自己变得更棒?

(二)趣味故事我来编

在《慢性子裁缝和急性子顾客》一文中,我们学会了用语言、动作等表现人物性格的方法。假如裁缝是急性子,顾客是慢性子,他们之间又会发生怎样的故事呢?用学过的方法编故事。

【设计意图:通过教学,引导学生联系课文内容展开想象,并布置拓展性作业,这样不仅能丰富学生的想象力,还能让学生学会创编故事。】

第三章

神话故事类文体价值的教学探索

第一节　神话故事类文体的特征

神话故事具有一定的地域性和区域性，不同的国家或者民族都有自己所理解的神话含义。在全球各地，也出现过对同一种现象充满惊人相似性描述的神话。当然，神话作为民间文学的一种形式，是远古时代的人民所创造的反映自然界、人与自然的关系以及社会形态的具有高度幻想性的故事。

神话故事讲述的是远古时代的神灵和英雄（包括战争英雄和文化英雄）的故事。其内容包括宇宙起源，众神和人类的由来，神如何统治宇宙、争霸宇宙，神灵和人类的神秘关系以及远古时代民族英雄的丰功伟绩。神话故事对世界作了极富想象力的解释，对人类远古历史作了超现实的叙述。按照神话故事的观点，神灵是人类的观点，神灵是人类生命、人类社会的根源，人类存在的意义来源于神，人类的命运决定于神；而神话故事中的英雄创造了历史，创造了文化。因此，神话故事凝聚了远古人类的信仰、道德、哲学、科学和历史，它们是远古人类精神生活的缩影，是远古人类神圣的精神殿堂。

神话故事主要有以下四个特征：一是形成了相对完整的神界故事系列，包括宇宙的起源、诸神的世系、人类的诞生、天灾与救世等主题故事；二是有一个以具有独尊地位的主神为核心的神际关系网；三是对社会生活内容的反映较独立神话广泛复杂，有对人类文明起源、发展的神话式探讨，对阶级社会现实的神话式再现，神的形象主要是人形并具备相当的人性；四是有一条贯穿其中的基本线索，这种线索在早期是"神族的血统"，在晚期则体现为"某种抽象的观念"。（所谓独立神话，又叫"原始的、单个的神话"，产生于原始社会；所谓体系神话，又叫"文明的、综合的神话"，产生于文明早期，后者是对前者的文明化、逻辑化。）

第二节　神话故事类文体的价值

神话故事是一个民族和国家的宝贵精神财富，在文学史上有着很重要的地位。它们的题材内容和各种神话人物对历代文学创作及各民族史诗的形成具有多方面的影响，特别是它们丰富奔放、瑰奇多彩的想象和对自然事物形象化的方法，与后代作家的艺术虚构及浪漫主义创作方法的形成都有直接的渊源关系。它们为后世的创作提供了丰富的题材。不仅如此，神话故事还具有丰富的美学价值与历史价值，与远古的生活和历史有密切关系，是研究人类早期社会的婚姻家庭制度、原始宗教、风俗习惯等很重要的文献资料。

一、文化传承

神话故事是各民族文化的重要组成部分，记录了古代社会的文化、宗教、道德、哲学等方面的信息，对各民族文化的传承和发展起到了重要的作用。

二、精神内核

神话故事中蕴含着深刻的哲学思想和道德观念，如仁爱、正义、诚信、勇气、智慧等精神内核，对人们的思想观念、行为准则和价值观念产生了深远的影响。

三、文学价值

神话故事是世界文学的重要组成部分，具有极高的文学价值。它们以生动、形象、丰富的想象力和优美的语言著称，被誉为世界文学的瑰宝。

四、历史价值

神话故事不仅记录了古代社会的历史事件和人物，还反映了古代社会的文化、宗教、道德等方面的信息。通过对这些神话传说的研究，可以了解古代社会的政治、经济、文化等方面的信息，同时也可以更好地理解古代社会的思想和价值观。

五、艺术价值

神话故事中的故事情节、人物形象、语言风格等都具有独特的艺术价值。通过研究这些神话传说可以了解古代文学的创作风格和艺术技巧，同时也可以欣赏到古代文学作品的艺术魅力。

第三节　神话故事类文体教学的误区

长期以来，小学语文教科书中都有神话故事，但受各种因素影响，当下的神话故事教学普遍存在各种误区，导致其教学价值打了折扣。

一、顾此"神奇"，失彼"精神"

如教学四年级上册《盘古开天地》这篇神话故事时，不少教师往往以问题"画出你认为神奇的地方，说说神奇在哪里"为导向，引导学生学习文本，将探究"神奇"之处作为主要教学内容。这样教的理由是课后思考题第二题要求"从课文中找出你认为神奇的地方，说说盘古开天地的过程"，这样的教法，是落实本单元的语文要素。因此，许多教师形成了思维定式，在教学《精卫填海》《女娲补天》等神话故事时，一律以"神奇表现在哪里"为导向引导学生学习课文。还有许多教师推而广之，教学四年级下册童话单元课文

《宝葫芦的秘密》《巨人的花园》《海的女儿》等也如法炮制，只是用"奇妙"替换"神奇"，因为其单元语文要素之一就是"感受童话的奇妙"。《义务教育语文课程标准（2022 年版）》在第二学段目标中提出："能复述叙事性作品的大意，初步感受作品中生动的形象和优美的语言，关心作品中人物的命运和喜怒哀乐，与他人交流自己的阅读感受。"精准把握这一目标要求的尺度，便是走出误区的关键。神话教学聚焦人物形象，关心"人物的命运和喜怒哀乐"，便能感悟其"精神"。

二、专注"人性"，忽视"神性"

当然，并非所有教师教神话故事时都以"神奇体现在哪里"之问串起主要教学内容，也有不少教师的教学内容里有"盘古是个怎样的人""女娲是个怎样的人"之类的问题。要注意的是，其做法往往是将其精神品质归纳为诸如"坚强不屈""无私奉献"等，特别是将盘古、女娲等为人类作出伟大贡献的人物精神品质一律归纳为"无私奉献"，表面上来看，好像没有什么问题，实则没有讲出神话故事人物的特质。首先，将神话中的人与现实中的人完全混为一谈。神话人物是人类信仰、道德、价值的对象化，无不具有人格特征。"无私奉献"本是形容人类精神品质的词语，用于归纳盘古形象特点是可以的，体现的正是神话人物的"人性"，但仅以"无私奉献"概括之，则只见"人性"，而不见"神性"，既不全面也不准确，忽视了神话人物的特质。其次，抹杀了不同神话故事中不同人物的个性。古今中外文学中的神话人物各不相同，神话故事的情境不同，创作意图不同，神话人物身上所体现的价值观念内涵不同，其形象同样各具特点。因此，教师在教学中绝不可将其解读为千神一面。

三、效颦想象，得"形"弃"神"

语言是思维的载体，也是思维的结果，模仿课文语言表达，必须深入把握课文语言背后的情感或思想内涵。因此，若要有效模仿课文表达，就必须同时学习课文的思维方法，若紧紧盯住语言形式，满足于机械模仿，断然不能提高学生的表达能力。如教学《盘古开天地》这篇神话故事时，多数教师会提出相似的问题："盘古倒下后还可能化身成什么？"设计这个问题，本有两个意图：一是学生通过想象，加深对盘古的印象；二是学生可以模仿课文语言。然而，很多学生的回答是"化身为树枝、山洞、石头等"，教师要么表示赞同，要么不表态，这是对学生错误理解人物形象的赞同或默许。课文中写明盘古化身成的事物有风、云、雷、太阳、月亮、名山大川、花草树木、雨露。仔细观察后，不难发现，盘古所化身之物是有共同点的：均为无处不在的事物。盘古生前身后泽及万物，最终化成万物，他的生命与日月同辉、与山川共存，他是人类的始祖、是大地之父。因此，一个山洞、一根树枝、一块石头的想象没有体现盘古的功绩，是教师与学生对人物形象解读不到位的表现。因此，教师不仅要引导学生仿其形，还要得其神，只有这样才能引导学生进一步认识盘古作为创世之神的伟大功绩。

第四节　神话故事类文体教学的策略

神话故事是小学语文教科书中常见的一种文体。怎样在教学中彰显神话故事的文体特征呢？我们应该立足神话故事固有的特点，引领学生体验古今中外神话故事的无穷魅力。这样，方可达到发展其语文能力、培育其语文素养的目的。

一、借助板书，厘清故事情节

神话故事源自口耳相传，是用来讲的。因此，我们可以从认识神话故事这一文体特点入手，通过抓关键词厘清人物关系，并利用人物关系图，练习简要复述，把握神话故事的大意，这样既契合学习复述的单元目标，又能有效调动学生讲故事的兴趣。

如四年级上册《普罗米修斯》这篇课文，在教学时，教师可以先让学生自由朗读课文，想一想课文中出现了几位神，它们分别是谁。在学生初读课文后，教师再让学生按课文叙述的顺序说出故事中的神话人物并及时板书，它们分别是普罗米修斯、阿波罗、宙斯、火神、大力神。接着，让学生借助关键词，用自己的话说说普罗米修斯与众神的关系。随后，让学生根据人物关系，试着说说故事的主要内容：普罗米修斯为了造福人类，从阿波罗那里盗取火种；结果被宙斯知道了，宙斯决定派火神严厉惩罚普罗米修斯，并吩咐火神立即执行；火神先是劝说普罗米修斯归还火种，但普罗米修斯坚决不肯，火神只能把他押到高加索山上，让他受到各种惩罚；后来，大力神出于正义，勇敢解救了普罗米修斯。

在学生借助板书简要复述故事后，教师可以接着引导学生：只有故事情节，没有细节，这样讲故事不会打动人。于是，可以让学生通过比较，讲好普罗米修斯"受罚"的细节；之后，利用关键词、想象画面等方法，讲好"被锁"细节；接着，迁移方法，尝试讲好"被啄"细节；最后，实现整合，练习用"情节+细节"的思路讲故事。

二、品味语言，感悟人物形象

每篇神话故事中的主人公都是真理、正义、善良的化身。它们要么坚持正义，要么力大无穷，要么法力无边……因此，教师在教学时要引导学生与神话故事中的人物深入对话，感悟神话故事人物身上特有的美德与品质，从而构建有意义的生命旅程。

如教学《普罗米修斯》第6自然段时，教师可以这样引导学生："在你认真读完这一段后，哪些字眼深深地刺痛了你？"学生一下子就找到"死死地锁"这个短语。这时，教师就可以引导学生理解什么是"死死地锁"。学生从字面上理解它是"永远打不开"的意思。于是，教师可以接着追问："从这个短语中你体会到什么？"学生就会从这个短语中体会到普罗米修斯不能动弹、不能睡觉，非常痛苦。这时，教师可以继续引导学生："难道他仅仅只是不能动弹、不能睡觉吗？"这一下子就会点燃学生思维的火花。他们仿佛看到普罗米修斯日夜遭受风吹雨淋的痛苦，甚至还看到了他身处被烈日暴晒、雷电劈打、大雪压身的悲惨境地。当学生感受到普罗米修斯这样悲惨的情景时，教师可以再次启发他们思考："一个'死死地锁'，让你们感受到了普罗米修斯所遭受的是一种什么样的痛苦？"这时，学生就能通过换位思考体验被"死死地锁"的感受：生不如死、油煎火烤、痛不欲生……最后，教师可以这样引导学生："普罗米修斯被锁住的是什么？锁不住的又是什么？"此时，学生对"死死地锁"有了深刻的感悟，自然会说被锁住的是双手和双脚，而锁不住的是他为人类造福的心。最后，让学生带着这样的感受有感情地朗读课文。在这样层层递进的探究中，学生不仅能体会到作者遣词造句的精当，还能感悟到普罗米修斯人格美的光芒。这样，神话故事中的人物形象就会在学生心中变得越来越清晰。

三、创设情景，创造复述故事

神话故事往往因为其丰富的想象和离奇的故事情节深受学生喜爱。因此，让学生记住故事并学会复述故事比什么都重要。复述故事是对民族文化传承的最好方式，也是训练学生口语表达的最好途径。

如在教学《普罗米修斯》这篇课文时，教师让学生感知课文的主要内容和主要细节之后，大部分学生能对照板书复述故事。但学生复述的故事大多是对课文内容的引用，很少有自己的语言。这时，依据文本的特点，教师可以引导学生添加细节，对空白处进行再想象，从而对神话故事进行二度创作。

如课文中"取火"的故事情节写得很简单，教师可让学生按照事情的起因、经过、结果的顺序，充分发挥想象把普罗米修斯怎样"盗"火的情节说得更具体些，然后再让学生把这个故事演一演。

又如在教学课文中普罗米修斯受到惩罚的片段时，可以引导学生把学习重点落在改编复述故事上。先让学生以普罗米修斯的名义向宙斯请求赐火，然后引导学生交流、梳理、归纳转述的方法，接着在重点段上进行层层移情想象的引导铺垫，让学生化身为一只小鸟飞到大力神面前，把普罗米修斯受难的事告诉他。当然，在教学时，可以用问题支架引导学生在合理的地方展开想象。可以说，指导学生创造性复述故事，不仅有助于学生把握故事内容、感悟故事内涵，也有助于学生学习内化神话故事优美的语言，提升口语表达能力。

四、关注文体，拓宽阅读视野

现行小学语文教科书中的神话故事数量有限，如果学生只是进行教材中几篇课文的学习，这一文体的教学价值必然难以彰显，学生阅读神话故事的能力也不会得到较大的提高。因此，教师只有采用"这一篇"带"这一类"的阅读方法，才能收到理想的阅读效果。

在教完《普罗米修斯》这篇课文后，教师可以及时链接课外阅读《赫拉克勒斯的选择》，让学生快速浏览并从中找出描写普罗米修斯受到惩罚的相关语句，然后与课文中的语句进行比较，再让学生说说从中发现了什么。在对比中，学生就会发现这两篇文章的侧重点虽然不同，但对普罗米修斯受到惩罚的描写都是浓墨重彩的，刻画得非常细腻、传神。这样的阅读过程，有助于学生加深理解神话故事的内涵，更深刻地感悟神话故事中的人物形象。

此外，我们还可以链接课外阅读中有关中国"火"的神话故事，让学生快速浏览并想一想"东西方有关'火'的神话故事有什么不同"。在对比中，学生就会发现东方的火是在神的指引下由人类自己创造的，而西方的火则是由神送来的；东方神话给人温暖，西方神话给人震撼；东方神话突出人性之美，西方神话崇尚英雄主义……可以说，东西方的神话各有特点。因此，教师要根据教学需要，链接不同版本或不同民族的神话故事，引导学生在开放阅读中贯通思维，实现拓展阅读与文本的完美结合，从而促进学生广泛"吸收"和"消化"各种有益的"营养"。通过这样的教学，学生不仅能学习不同特色的语言表达，还能提升洞察能力和学习品质。

总之，教师只有精准把握神话故事的特点，充分挖掘神话故事的"教学价值"，才能更好地帮助学生把握故事内容，感悟其内涵，达到发展语文能力、培育语文素养的目的。

第五节　《盘古开天地》教学设计

一、课文简说

统编版教科书四年级上册第四单元以"走进神话，了解神话"为主题，编排了三篇精读课文《盘古开天地》《精卫填海》《普罗米修斯》和一篇略读课文《女娲补天》，这些神话故事是中国古代神话和古希腊神话中的经典，学生可以从中体会古代劳动人民对自然、对世界的独特理解和神奇想象，还能感受故事中鲜明的人物形象。此外，本单元还编排了"快乐读书吧"，推荐阅读中国神话和世界经典神话，引导学生进入更广阔的神话世界，认识更多性格鲜明的神话人物，感受魅力无限的神奇想象，了解人类先民在探索和改造世界过程中的独特解释、美好向往，以进一步激发学生阅读神话的兴趣。

《盘古开天地》为本单元首篇课文，它是中国的创世神话之一，讲述了巨人盘古用神力开辟天地，以身躯化为万物的故事。课文塑造了盘古雄伟、高大的形象，赞美了他伟大的开创精神和勇于献身的美好品质。本单元首个语文要素为"了解故事的起因、经过、结果，学习把握文章的主要内容"，这是在三年级"了解文章的主要内容"基础上的提升，也是为第八单元"关注主要人物和事件，学习把握文章的主要内容"作准备。本单元的第二个语文要素为"感受神话中神奇的想象和鲜明的人物形象"。早在二年级下册，学生就已经接触过神话故事《羿射九日》，对于这种文体有了初步的感受，对于什么是神话以及怎么学，学生已有一定的认知和经验。为此，基于单元整体，本课教学首先应聚焦神话的叙事特点，让学生了解故事的起因、经过、结果，学习把握"盘古开天地"这个神话故事的主要内容，从中感受这个神话故事情节的神奇；其次，让学生感受神话中鲜明的人物形象，除了感受盘古的"神力"，还要理解、感悟其伟大的开创精神、奉献精神等。教学时，可以通过创设"神话故事传讲人"任务情境，吸引学生投入学习活动，让他们在真实情境中学语文、用语文，探索自己感兴趣的问题，构建自己的神话知识图谱，在真实、开放的语文实践活动中提升语文核心素养。

二、教学目标

(1)能按故事的起因、经过、结果，并借助评价标准，讲述盘古开天地的过程，尝试当好"神话故事传讲人"。

(2)能通过想象画面、放大细节、感情朗读等，体会神话故事的神奇之处，初步感悟盘古伟大的开创精神。

三、教学过程

(一)创设情境，激发兴趣

导入：最近，我们学校正在开展"神话故事进校园"系列活动，想邀请大家都来当"神话故事传讲人",你们愿意吗?

【设计意图:从学生生活出发,以学校招募"神话故事传讲人"为驱动性任务,将学生引入真实、确切的语言情境中,促使学生变无意识阅读为有意识阅读,以提高学生的思考能力、表达能力、创造能力,带领学生将阅读引向深处。】

(二)任务搭建,互动探究

活动一:"开天地"顺序我来理

1. 揭示课题,初识盘古

揭示课文题目,初步认识盘古。

2. 预习反馈,理清顺序

(1)理清顺序,说明理由。
让学生给文中的几幅插图排序,并说明理由。
(2)按照顺序,讲清故事。

【设计意图:让学生给文中的插图排序,既能检查学生的预习情况,找准教学起点;又能实现以学定教,引导学生学习借助故事的起因、经过、结果,把握"盘古开天地"这一神话故事的主要内容,也为后面的故事传讲建构了框架。】

活动二:"开天地"神奇我来探

1. 指向起因,共话神奇

(1)指导阅读,发现神奇。
预设一:聚焦"睡"。
预设二:聚焦"混沌"。
(2)加入想象,试讲故事。

2. 合作探究,感受神奇

自由读课文第2~4自然段,思考:哪些地方让你感受到了神奇?

（1）品词析句，感受神奇。

预设一：巨人见身边有一把斧头，就拿起斧头，对着眼前的黑暗劈过去……

预设二：轻而清的东西，缓缓上升……变成了地。

预设三：天每天升高一丈，地每天加厚一丈，盘古的身体也跟着长高。

预设四：盘古这个巍峨的巨人就像一根柱子，撑在天和地之间，不让它们重新合拢。

（2）聚焦动作，感悟形象。

（3）加入想象，试讲故事。

【设计意图：借助故事的起因、经过、结果，传讲"盘古开天地"这一神话故事，指向的是神话的"实用"功能。而通过想象画面、放大细节、感情朗读等方式，体会这一神话故事起因、经过中的神奇之处，从中感受盘古伟大的开创精神，聚焦的则是神话的"审美"功能。从"实用"走向"审美"，充分体现了神话故事的育人价值。】

活动三："开天地"故事我来讲

1. 出示任务，小组合作

小组合作学习要求：①练讲：认真听讲故事；②讨论：是否按标准讲故事；③推选：选派一名代表上台展示。

2. 班级展示，全班交流

各小组派代表讲故事，当好"神话故事传讲人"，其他同学根据评价标准当好评委。

【设计意图：利用评价标准开展小组合作讲故事活动，体现了"教——学——评"一致性，使阅读、讲述共生化，情景任务一体化。如此，任务与评价指向真实阅读、真切表达。】

（三）拓展延伸，项目延续

小结：盘古累得倒下后，他的身体发生了哪些变化？我们下节课再来感受故事结果的神奇,进一步体会盘古的伟大精神。

【设计意图:此环节旨在拓展延伸,延续热情,引领学生继续阅读、探究"盘古开天地"这一神话故事,感受神话故事的文化魅力。】

四、作业设计

1. 必做题

(1)默读课文第5~6自然段,找出让你觉得神奇的地方,并说说盘古给你留下的印象。

(2)借助插图、音视频等,试着向家人和伙伴传讲这个故事。

2. 选做题

阅读《中国神话传说》(曹文轩、陈先云主编)或《世界经典神话与传说故事》(曹文轩、陈先云主编),并完成故事记录卡。

第四章

寓言故事类文体价值的教学探索

第一节　寓言故事类文体的特征

寓言故事是一种常见的文学体裁，带有讽刺或劝诫的性质，假托故事或用拟人手法说明某个道理或教训。"寓"有"寄托"的意思，最早见于《庄子·杂篇·寓言》。现行小学语文教科书中的寓言故事也不少，如《揠苗助长》《守株待兔》《亡羊补牢》《扁鹊治病》等，文章篇幅简短，结构奇妙，运用比喻、夸张、象征等手法，借助虚构的故事阐述富有教训意义的主题或深刻的道理。寓言故事主要有以下特点：

（1）寓言故事的篇幅一般比较短小，语言精辟简练，结构简单却极富表现力。

（2）鲜明的讽刺性和教育性。多用借喻手法，使富有教训意义的主题或深刻的道理在简单的故事中体现。主题思想大多借此喻彼、借远喻近、借古喻今、借小喻大。

（3）故事情节是虚构的，主人公可以是人，也可以是物。作者的思想往往寄寓在故事里，让人能从中领悟到一定的道理。

第二节　寓言故事类文体的价值

寓言在语文教育中的价值是多方面的：它可以涵养学生的道德情操，可以引导学生观察、想象，可以提升学生的语言水平……但这些还不是寓言独特的价值体现。寓言的本质特点是它的双重结构性，它由两部分组成：前面的部分是故事，后面的部分是寓意。故事是寓言的表层结构，它塑造寓言的形象；寓意是故事内在的中心思想，是寄托在故事里的寓言，是作者真正要表达的意图。小学语文教科书的编纂，正好可以充分发挥寓言的这一独特价值，促进儿童思维从具体形象思维向抽象逻辑思维发展。

一、开启理性思维的大门

统编版小学语文教科书编排了大量寓言。这些经典故事，大多以改写的方式编排在低、中年段，少量以文言文的形式编排在高年段。它们短小精悍，情节奇特，常常出人意表而在人意中。"出人意表"能唤起儿童阅读的好奇心，引导他们阅读和探索；"在人意中"能使儿童觉得本质真实，引导他们浮想联翩，获得收益。著名翻译家叶君健强调寓言对人一生的持续影响力，他说："由于它简单易记，它可以在孩子的脑海中长期定居下来，在他们逐步成长的过程中发挥塑造性格的作用……它的持久力比任何其他文学作品都要强，在人的灵魂中所起的作用，也能从童年时代一直继续到人生的结束。"一篇经典的寓言一旦和学生交上朋友，就能陪伴他们一生，成为他们生活的顾问。

二、发展分析综合的能力

读寓言明寓意，是寓言教学的应有之义。领会寓言的寓意，既需要作者的点化、诱导，也需要读者自己的分析、思考。为了给予学生独立思考的空间，入选统编版教科书的寓言大多隐藏了寓意，从接受美学的视角来看，统编版教科书更关注儿童自身的阅读体验。在阅读寓言的过程中，阅读者需要不断寻找与故事尽可能"贴合"的寓意。寓意和故事像两个齿轮的齿，应相互"咬合"，这不仅需要分析、综合、概括，还要筛选、比较等一系列抽象思维能力，在这样一个由表及里的"咬合"过程中，学生的思维将得到极大的锻炼。

三、培养类比推理的能力

类比是寓言创作的一种重要方法。因为社会现象是纷繁复杂的，假象往往掩盖着本质，儿童要分辨真假、美丑、善恶，并不是一件容易的事情。寓言运用类比，把复杂的关系简化为单纯的故事，让儿童拨开现象看到本质，提升其认识能力。在寓言的学习中，学生通过具体、形象的故事感受寓意，经历从具体到抽象的提炼过程，思维得到了提升，但如果止步于此，那是远远不够的。学生还应当通过类比推理，让自己的思维从一般再回到具体，将这种认识能力类推到其他事物或现象中，从而获得对人生、对自然更深刻的认识。可以说，寓言对儿童智慧的这种启迪作用，能够引导儿童迈进理性思维，走向逐步成熟的时代。

四、培养学生审辨性思考的能力

寓言是作者假借故事来传递自己的人生感悟，这种人生感悟与作品创作的时代背景、作者的生活阅历和知识经验有密切的关系。正所谓"仁者见仁，智者见智"。文学作品只是给读者提供一个框架，在寓言故事所提供的范畴之内，读者既要读进去，理解文本自身的思想观念，同时还要跳出来，读出自己的感受和体会，形成丰富的意义。

第三节　寓言故事类文体教学的误区

在实际教学中，很多教师对寓言故事类文体的特点、教学价值及教学取向把握不准，无法确定适宜的教学策略，致使在寓言故事类文体教学时出现了不少问题。

一、过度"言"之解读，课脉不清

有部分教师在教学寓言故事类文体时，没有明确的教学目标，无法围绕主线展开教学，只是把理解故事内容作为教学重点，要么让学生在听故事、读故事、讲故事中"掌握"内容；要么引导学生在品词句、答问题、谈体会的过程中"解读"文本；要么采取伪合作、浅交流、虚感悟的形式"完成"流程，而忽视了故事的文脉，忽视了精妙语言的内化和巧妙构思的锤炼，造成教学脉络不清，课堂缺乏整体感等问题。

二、直说"寓"之道理，说教味浓

有部分教师在教学寓言故事类文体时，忽视文体特征，没有引领学生去感悟作者采用的表达方法，只是把故事当作对学生进行思想教育的范例，直接讲述故事蕴含的道理，并在课堂教学中做了重点强调。课堂教学成了思想教育的"说教"，课堂练笔也只停留在"受到了什么启发（教育）""想对谁说什么"等"假、大、空"的泛泛之谈，缺乏真情实感，没有对学生进行"语用"能力的培养，也没有使学生获得语文素养发展。

三、忽视"言"之艺术，拓展肤浅

有部分教师在教学寓言故事类文体时，忽视了寓言故事类文体的特点，只是习惯于对故事内容进行简单的拓展教学，要么利用"空白点"补上作者有意不说的内容，要么利用插图重复作者写出的内容，要么利用"言尽而意未穷"的结尾续编故事……拓展教学只在文本这只桶里"和稀泥"，未能根据寓言故事类文体的言语形式进行模仿迁移，未能引导学生联系生活实际进行适度的运用拓展，这样的拓展教学既没有广度，也没有深度。

第四节　寓言故事类文体教学的策略

针对寓言故事类文体教学存在的问题，我们要充分挖掘寓言故事类文体独特的"阅读价值"，提高教学效果。

一、把握寓言特点，感悟故事寓意

教师在组织教学时，对文本要有整体意识，通过引导学生对故事内容进行分析来提示和"消化"寓言的真正用意，层层推进，演绎课堂的精彩。

(一)在紧扣文眼中发掘寓意

寓言故事文脉清楚，一目了然。如二年级下册《亡羊补牢》这篇课文，教师在教学时可以带领学生从课题入手，说说故事的内容，并抓住题眼"补"。接着，让学生从文中找出有关"补"的句子："羊已经丢了，还修羊圈干什么呢？""他赶紧堵上那个窟窿，把羊圈修得结结实实的。"然后，让学生说说从这些语句中体会到了什么。

　　生：养羊人不听别人劝告，造成两次丢羊的后果。

　　师：你们想用什么词语形容这个养羊人？

　　生：知错能改。

　　师：这个养羊人是不是一下子就接受别人的意见呢？

　　生：不是，养羊人是在犯了两次错误之后，才吸取教训的。

　　师：你想用什么词语形容他呢？

　　生：一错再错。

　　师：你们从中明白了什么？

　　生：知道错了，就要赶快改正过来，不要一错再错下去。

　　生：不要抱着侥幸心理想这次的事情是意外，以后就不会发生而不去理会自己犯下的错误。

　　生：出了问题以后想办法补救，可以防止继续受到损失……

通过这样的交流，这则寓言所蕴含的道理就自然呈现出来了。但我们不能满足于此，可以继续引导学生："那你们是不是也有过这样的经历呢？"可以说，在这样的教学中，学生不仅可以感受到寓言故事奇妙的(构思)结构特点，还可以借助虚构的故事联系真实的生活，领悟故事所蕴含的深刻道理。

(二)在互相讨论中说出寓意

小学语文教科书中的寓言故事都是由角色来推动情节的。因此,我们可以在教学中引导学生通过讨论感受故事中的人物形象,体会其语言、动作、神态背后的心理活动,把握其性格特征,从而理解寓意。如教学《扁鹊治病》这篇课文时,在学生了解故事内容的基础上,教师可以引导他们结合课文语境展开对话。

师:蔡桓公为什么会病死呢?

生:蔡桓公的病已经深入骨髓,无药可救。

生:蔡桓公不听扁鹊的劝告及时治病,延误了治疗的最佳时间。

师:那蔡桓公为什么不听扁鹊的劝告呢?

生:因为他认为自己没有病,而医生总是喜欢给没有病的人治病。

生:因为他过于自信。

师:是啊!蔡桓公明明有病,却不让人看病,如果用一个词语来形容,可以是——

生:自欺欺人、掩耳盗铃、自取其辱、自以为是、自作自受、自食其果……

师:蔡桓公躺在病床上奄奄一息时,会想什么呢?

生:早知如此,何必当初。

生:我真后悔,要是早听扁鹊的劝告及时治病,就不会有事了。

师:从这个故事中,你们明白了什么道理?

生:这个故事告诉我们不要盲目自信,要善于听取别人的意见……

在这个教学片段中,没有对学生进行生硬的说教,而是让学生围绕人物展开讨论,揣摩人物的心理活动,自由地发表见解,对寓言故事寓意的感悟也就水到渠成了。

(三)在联系生活中感悟寓意

寓言故事中讽刺、批评的真正对象是生活中的社会现象。因此,在教学中,我们可以引导学生联系生活经验,对寓言中的人或事进行评议,进而延伸到对周围生活现象的再认知。这是寓言故事教学的较高层次,也是促进学生人格提升的有效途径。

如二年级下册《揠苗助长》这篇课文，有位教师是这样引导学生联系生活展开对话的。

师：你们在平时生活中见过类似的事情吗？

生：邻居家的孩子本来对唱歌很感兴趣，可他的父母天天逼着他苦练，最后他对唱歌再也提不起兴趣了。

生：表弟成绩本来很好，但阿姨要求很高，天天逼他在家做作业，有时还会打骂不停，让表弟对学习失去了兴趣。

生：有些父母整天逼着小孩子学钢琴、学英语等，不停地为孩子找培训班、找家教，不但没有成效反而让孩子厌学……

师：那你们从这些事中明白了什么？

生：我们不论做任何事情都不能急于求成，要稳扎稳打，才能一步一步接近目标。

生：不按规律办事，往往会事与愿违。

生：欲速则不达……

在这个教学片段中，教师让学生结合自己的感受说出寓言故事的寓意。当然，对于不同学段的学生，所采用的教学方法是不同的。低年级学生要侧重联系生活感悟寓意，中、高年级学生要侧重探讨交流体会寓意，从而发展学生的思维能力。

二、依据故事寓意，适度拓展训练

一则优秀的寓言故事往往是对现实生活的折射，令人回味无穷。因此，我们应该充分利用寓言故事，帮助学生去认识生活，认识社会。那么，我们要如何借助寓言故事的文体特征加以拓展训练呢？

(一) 内外勾连，升华寓意

如教学《扁鹊治病》这篇课文时，教师可以让学生通过互相讨论，说出故事的寓意："要善于听取别人的意见，否则后果不堪设想。"随后，可以继续引导、点拨学生："难道这个道理只是对我们看病有启发吗？在生活中，你们看到过像蔡桓公这样的人吗？可以是书本、电视上看到的人物，也可以是生活中真实的人物。"经过思考，有的学生说："我的表哥小时候总爱抄袭别人的作业，平时不认真学习，很多人告诉他不能这样做，但他不听劝告，结果他的成绩越来越差。"有的学生说："我的邻居刚学滑板时，我告诉他不要急，要先从单脚滑行练起，可他不听我的劝告，还是双脚踩上去，结果从滑板上摔了下来，牙齿也摔断了……"很多学生通过联系生活中的实例，进一步加深了对寓意的领会和理解，从而使寓意得到升华。

(二) 合理想象，拓展寓意

针对寓言短小精悍的特点，教学可以结合寓意进行故事续写或改编。如教学《揠苗助长》这篇课文时，让学生通过联系生活，感悟到故事的寓意："不按规律办事，往往会事与愿违。"这时，可以接着引导学生想象："当这个农夫也意识到自己的错误时，他会怎么做呢？接下来又会发生什么事呢？请同学们展开想象，续写这个故事。"有的学生说："这个种田人痛改前非，辛勤劳动，庄稼获得了丰收。"有的学生说："这个种田人静心反思，找到了原因，再种庄稼时获得了丰收。"在想象续写中，学生对故事的寓意"不能违背事物发展的规律"又有了进一步理解。又如教学《守株待兔》这篇课文时，也是让学生通过联系生活，感悟到故事的寓意："不主动努力，心存侥幸，希望得到意外收获。"这时，可以引导学生想象："假如这个庄稼人意识到自己的错误，不放下锄头，不天天坐在树桩旁等兔子，他会怎么做呢？请同学们展开想象，改编一下故事的结尾。"有的学生说："这个庄稼人等不到兔子后，放弃原先的想法，重新种庄稼。"有的学生说："这个庄稼人把田地改成养兔场，大赚了一把。"有的学生说："这个庄稼人在田地中挖了许多陷阱，还制作了许多逮兔器，逮住了不少兔子，大赚了一把。"这时，教师引导学生说说从中明白了什么，学生从中明白了只有通过努力才会有收获。可以说，在想象中，不仅发展了学生的艺术思维，还培养了其语言表达能力，使学生再一次更深刻地理解故事揭示的寓意。

总之，在寓言故事教学中，我们要依据寓言故事类文体的特点而教，这样才能有效唤醒学生的阅读热情和创造潜力，从而促进学生语文素养的全面提升。

第五节 《陶罐和铁罐》教学设计

一、课文简说

《陶罐和铁罐》是统编版教科书三年级下册的一篇寓言故事，这篇课文讲述的是橱柜里的铁罐自认为坚硬，瞧不起陶罐，常常奚落它。但陶罐却很谦虚，与铁罐争辩几句后，就不再理会铁罐了。埋在土里许多年以后，陶罐出土成为文物，而铁罐却消失得无影无踪了。这个寓言故事告诉人们，每个人都有自己的长处，也有自己的短处，我们要善于看到别人的长处，正视自己的短处，相互尊重，和睦相处。

这篇课文主要是通过对话展开故事情节，推动故事的发展，说明道理。如"陶罐子""懦弱的东西""你算什么东西""我要把你碰成碎片"等语言，表现了铁罐的傲慢无礼；又如"不敢，铁罐兄弟""何必这样说呢""我们还是和睦相处吧，有什么可吵的呢"等语言，则表现了陶罐谦虚、友善、克制的性格特点。此外，这篇课文中还有许多具体生动的神态、动作描写。如"傲慢""轻蔑""恼怒"等词语直接体现了铁罐的蛮横无礼，又如"谦虚""不再理会"等词语则表现了陶罐的谦和友善。

因此，教学这篇课文时，教师可以引导学生借助课后思考题第一题，初步把握课文的主要内容。接着，让学生通过朗读铁罐和陶罐的对话，体会这两个角色不同的性格特点。然后，让学生联系事物本身的特点，读懂故事，明白寓言故事蕴含的道理。最后，让学生通过对比阅读《北风和太阳》这篇文章，进一步加深对寓言故事所蕴含道理的理解。

二、教学目标

(1)默读课文，能说出陶罐和铁罐之间发生的故事，懂得每个人都有长处和短处，学习正确看待人和事物。

(2)结合课文相关词句，了解陶罐和铁罐不同的性格特点。

(3)分角色朗读陶罐和铁罐的对话。

三、教学过程

(一)导入新课，理解课题

过渡：今天，我们的故事之旅再次启程，让我们一起走进陶罐和铁罐的世界。

师：看，这就是陶罐、铁罐(出示图片)，它们有什么相似之处？又有什么不同的地方？

师：大家看"陶"字的部首，是左耳刀，左耳刀旁的生字大多与土、山有关，所以这"陶"字与泥土有关。这里，老师还要提醒大家，右耳刀旁与左耳刀旁不同，凡是带右耳刀旁的字大都和行政区划或者古代的封国有关。

【设计意图：这一环节教学重在激发学生学习的兴趣，让学生在比较陶罐和铁罐的异同点中，对陶罐和铁罐有初步了解，为后面的学习做好铺垫。】

(二)初读课文，整体感知

过渡：国王的橱柜里就有这么两个罐子，它们之间会发生怎样的故事呢？接下来，让我们一起走进故事。请同学们自由朗读课文，读准字音，读通句子，并想一想陶罐和铁罐分别给你们留下怎样的印象。

(1)检查预习情况。

(2)说说铁罐给你们留下怎样的印象。

(3)说说陶罐给你们留下怎样的印象。

【设计意图：这一环节教学主要是让学生在初读课文中整体感知故事内容，并在此基础上，初步感受陶罐"谦虚"和铁罐"傲慢"的形象。】

(三)研读对话，把握特点

过渡：文中的铁罐是怎样奚落陶罐的？陶罐又作何反应？下面，请同学们默读课文第2~9自然段，用"＿＿"画出铁罐说的话，用"〜〜〜"画出陶罐说的话，并想一想从中体会到了什么。

1.学习第一组对话

(PPT出示:"你敢碰我吗,陶罐子!"铁罐傲慢地问。

"不敢,铁罐兄弟。"陶罐谦虚地回答。)

(1)你从中看到了一个怎样的铁罐?从哪里感受到的?

(2)面对铁罐的奚落,陶罐又是怎么回答的?你认为这是一个怎样的陶罐?从哪儿感受到的?

小结:文字有温度,标点亦传情。看来,抓住称呼、标点、神态等去思考人物说话的内容,能帮助我们更好地进入角色。

2.学习第二组对话

(PPT出示:"我就知道你不敢,懦弱的东西!"铁罐说,带着更加轻蔑的神气。

"我确实不敢碰你,但并不是懦弱。"陶罐争辩说,"我们生来就是盛东西的,并不是来互相碰撞的。说到盛东西,我不见得就比你差。再说……")

(1)铁罐又是怎样奚落陶罐的?你们还从哪儿感受到铁罐的轻蔑?

(2)面对铁罐的轻蔑,陶罐又是怎么回答的?你从中感受到了什么?

小结:你们都能抓住关键词来理解词语,使人物活灵活现。同桌之间配合读一读,在朗读的过程中可以加上一些表情。

3.学习第三组对话

(PPT出示:"住嘴!"铁罐恼怒了,"你怎么敢和我相提并论!你等着吧,要不了几天,你就会破成碎片,我却永远在这里,什么也不怕。"

"何必这样说呢?"陶罐说,"我们还是和睦相处吧,有什么可吵的呢!")

(1)此时的铁罐是怎样的表现?你从哪儿感受到的?

(2)这句话中的"相提并论"是什么意思?

(3)铁罐指责陶罐不应与他"相提并论",而陶罐又是怎么说的?

(4)铁罐认为陶罐低他一等,而陶罐却渴望与铁罐友好相处。那陶罐此时又会怎么说呢？也试着加上一些动作。

小结：在刚才的学习中，我们发现理解语句、读好语句必须关注提示语和关键词。但陶罐说的这句话并没有提示语，你们能不能来当当小作家，给他加上提示语？

4. 学习第四组对话

（PPT 出示：“和你在一起，我感到羞耻，你算什么东西！”铁罐说，“走着瞧吧，总有一天，我要把你碰成碎片！”

陶罐不再理会铁罐。）

（1）给最后一组对话中的铁罐加上提示语。

（2）面对暴跳如雷的铁罐，陶罐却不再理会，为什么呢？

【设计意图：这一环节教学紧紧抓住陶罐与铁罐的四组对话，通过引导学生品析陶罐与铁罐的语言、动作、神态描写，进一步感受铁罐的傲慢和陶罐的谦逊的人物形象。】

（四）回顾梳理，拓展延伸

过渡：在陶罐和铁罐的对话中，陶罐的情绪是不断上升的，由傲慢到轻蔑再到恼怒，最后火冒三丈。而陶罐的情绪却相对谦和，它由谦虚到争辩，最后到十分无奈。（画情节梯度图）

（1）看着情节梯度图，说说课文第 1~9 自然段主要写了什么。

（2）分角色朗读课文。

小结：你们声情并茂地朗读表演，让老师深深地陶醉了，仿佛走进了他们的世界。那么，许多年过去之后，这两个罐子又会发生怎样的变化呢？我们下节课再来探讨。

【设计意图：阅读教学应立足于培养学生阅读文章的兴趣，引导学生品味语言，积累语言，从而发展他们的语言，达到自能读书的目的，而对语言感受的最重要手段就是“读”。因此，这一环节教学主要是引导学生借助情节梯度图再次梳理故事内容，然后让学生有感情朗读课文，把语言的学习、体会、感悟作为重点，注重学生的个人感受，且能结合各自生活的实际赋予其不同的内涵。】

第五章

童话故事类文体价值的教学探索

第一节　童话故事类文体的特征

　　童话故事是儿童文学的重要体裁，是一种具有浓厚幻想色彩的虚构故事，多采用夸张、拟人、象征等表现手法去编织奇异的情节。童话故事主要描绘虚拟的事物和境界，出现于其中的"人物"，是并非真有的假想形象；所讲述的故事，也是不可能发生的。但童话故事中的种种幻想，都植根于现实，是生活的一种折射。童话创作一般运用夸张和拟人化手法，并遵循一定的事理逻辑去开展离奇的情节，造成浓烈的幻想氛围以及超越时空制约、亦虚亦实、似幻犹真的境界。此外，它也常常采用象征手法塑造幻想形象，以影射、概括现实中的人事关系。

　　童话故事最大的特征是用丰富的想象力，赋予动物、植物等人的感情。同时，童话故事总是把恶和善极端化。通俗地说，就是坏人非常坏，好人非常好；好人很善良，坏人很恶毒。比如《白雪公主》里的七个小矮人很善良，而皇后很恶毒；《灰姑娘》里的后妈很恶毒，灰姑娘很善良。此外，童话故事里往往还包含了神奇的魔法、无尽的财富、凶恶的怪兽等元素，使故事能够引人入胜，打动孩子的好奇心，丰富孩子的想象力。

　　在现行小学语文教科书中，童话故事类课文占有相当大的比重，以二年级上册为例，本册教材共有 23 篇课文，其中童话故事类课文就有 8 篇，差不多占整册教材的三分之一。童话故事类课文具有想象丰富、语言生动、情节神奇等特点，不仅能丰富学生的想象力，还能增长知识，是学生最喜欢的一类课文。

第二节　童话故事类文体的价值

《义务教育语文课程标准（2022 年版）》指出："语文课程致力于全体学生核心素养的形成与发展，为学生学好其他课程打下基础；为学生形成正确的世界观、人生观、价值观，形成良好个性和健全人格打下基础；为培养学生求真创新的精神、实践能力和合作交流能力，促进德智体美劳全面发展及学生的终身发展打下基础。"因此，准确把握教材文本的价值取向，正确引领少年儿童健康成长，应引起广大语文教师的关注。下面以《丑小鸭》这篇课文教学为例，谈谈如何把握童话故事类文体的价值。

一、走近作者，深度解读文本

众所周知，文学作品往往传递着一定的文化观念，这是作品解读不可忽视的重要因素。但很多时候，我们在语文教学中，都是用中国文化心理去解读西方文学作品。这样的文本解读，容易造成对文本价值取向的曲解，对学生的语文素养和人文底蕴的形成产生不良的影响。《丑小鸭》是丹麦著名童话作家安徒生写的一篇童话故事。安徒生是一位浪漫主义作家，同时还是一位虔诚的基督徒。因此，他的童话都有一个突出的特点——歌颂真善美。正如他在《我的一生》中这样写道："我整个一生中，无论是光明的日子，还是黑暗的日子，其结果都是美好的。它好像是在一条固定航线上向某个知名的地点进发——我在掌舵，我已经选择好自己的道路，而上帝管着风暴和海洋。"从安徒生的自传中，我们可以清楚地看到作为一名基督徒，他的作品所流露的是基督教情结和对真善美的歌颂。

但遗憾的是，有部分教师在教学《丑小鸭》这篇课文时，只是按照一般的解读方法解读文本：面对艰难曲折的生活环境，可怜的丑小鸭离家出走，遭遇小鸟讥笑、猎狗追赶的厄运。尽管丑小鸭遭遇如此凄凉，但它最终还是变成了一只天鹅。按照这种解读，童话中的丑小鸭是在受到讥笑、受到追赶的情况下不得不离家出走的。由此引发我们担心：丑小鸭这样的"榜样"作用，会不会让一些耐挫力较差的孩子在遇到困难、遇到挫折时也突然来个离家出走，同时还幻想自己也会成为"一只美丽的天鹅"呢？

因此，准确把握文本价值取向，真正走近安徒生，走进《丑小鸭》这个童话故事中，就显得十分必要。我们试想一下，如果丑小鸭在离家出走后，当它冻僵时，没有好心的农夫把它带到家里，那么，丑小鸭的命运又将会是怎样呢？也许它可能没有等到变成一只美丽的天鹅就已经冻死了。还有，和它一起出生的哥哥、姐姐那时都还小，都是不懂事的孩子，所以才会讥笑它，但不管其他人怎样对它，鸭妈妈还是一样疼爱它，这是世间最珍贵的母爱。而农夫救了丑小鸭，也说明社会上还有很多人富有同情心，乐于帮助别人。应该说，这才是《丑小鸭》这个童话故事真正要向我们传递的价值取向，也体现了安徒生童话突出的特点——歌颂真善美。

二、走进文本，注重品词析句

大家都知道，一些含义比较深刻的句子都是文章的精华。因此，在教学中，引导学生走进文本，理解感悟含义深刻的句子，对于把握文章的中心有着极其重要的作用。如教学《丑小鸭》这篇课文中的"哥哥、姐姐咬他，公鸡啄他，连养鸭的小姑娘也讨厌他"这句话时，有的教师可能会先让学生自己读读句子，并想一想从中感受到了什么。学生读后都知道很多人欺负丑小鸭，他受到不公平的待遇。教师就会接着引导学生："哥哥、姐姐是怎样咬他的？公鸡是怎样啄他的？养鸭的小姑娘又是怎样讨厌他的？"问题一出，课堂气氛自然异常活跃，学生们就会用尽极其刻薄的语言攻击丑小鸭。接着，教师还可能让学生分角色表演哥哥、姐姐怎样欺负丑小鸭。学生的表演栩栩如生，但那只受伤的"丑小鸭"可能就会低着头，默默地站在座位旁。这样的品词析句与《丑小鸭》所要传递的情感是大相径庭的，更有悖于安徒生童话"歌颂真善美"的特点。

因此，在品词析句时，一定要关注文本价值取向，抓住关键词语，让学生揣摩身处逆境当中主人公内心的痛苦与对美好生活的向往。所以，在教学"哥哥、姐姐咬他，公鸡啄他，连养鸭的小姑娘也讨厌他"这一句时，可以这样做：先让学生自己读读句子，并想一想从中知道了什么。学生读后都知道丑小鸭受到了不公平的待遇。这时，教师可以话锋一转："哥哥、姐姐为什么会这样做？而鸭妈妈又是怎样做的？"学生联系前文，读后都知道鸭妈妈依然爱丑小鸭，哥哥姐姐都还小，都是不懂事的孩子。于是，可以让学生联系生活实际，说说遇到这样的情况时，丑小鸭的心情怎么样，我们应该怎么做。学生有的可能会安慰丑小鸭，有的可能会劝告哥哥姐姐，这就能体现故事的主题"真善美"。此外，在教学第 4 自然段时，可以抓住"羡慕"一词，先让学生说说"羡慕"的意思，并想一想在什么情况下可以用上"羡慕"，试着说说丑小鸭"羡慕"什么。这样让学生在具体的语境中体会词义，也促进学生深入文本体会身处逆境的丑小鸭内心的痛苦和对美好生活的向往。

三、立足文本，适度拓展延伸

近几年来，阅读教学兴起了一股"练笔热"，练笔似乎成了教学中必不可少的教学环节。如《丑小鸭》这篇课文中的"丑小鸭来到树林里"这一自然段，有的教师就设计了这样的说话训练："丑小鸭在树林里还会遇到哪些危险？老虎会_____他，狮子会_____他，_____还会_____他。"学生就会围绕着动物们怎样欺负弱小的丑小鸭这一话题进行说话。这样的拓展与文本所要表达的价值取向不符，而且长期进行这样的练习，也不利于学生的健康成长。

文本拓展延伸无非就是为了拓展教学内容，让学生加深对所学内容的理解，从而训练学生的思维，提高学生的语文素养。那么，教师该如何适度拓展延伸呢？首先，要立足文本，为教学目标服务。与语文教学关系不大或者脱离文本的随意拓展，一定要摈弃。其次，拓展要根据具体情况而定，要服务于教学内容和教学目标，不能只追求时髦，纯粹为拓展而拓展。如《丑小鸭》这篇课文对"幸亏一位农夫看见了，把他带回家"的描述只是一语带过，而没有写农夫把他带回家后是怎样帮助它的。这可以成为一个比较好的拓展点，可以设计这样的练笔："请同学们想一想，农夫把丑小鸭带回家后，是怎样关心他的？"这样的拓展练笔，不仅能正确体现《丑小鸭》这篇课文的文本价值，还能帮助学生加深对文本内涵的理解，提高书面表达能力。

第三节　童话故事类文体教学的误区

童话故事类文体具有想象丰富、语言生动、情节神奇等特点，不仅能丰富学生的想象力，还能增长知识，是学生最喜欢的一类文体。我们只有采取合适的教学策略，才能教出童话故事类文体的价值。然而，在实际教学中，许多教师没能根据童话故事的文体特征组织教学，存在一些教学误区，要么在内容上简化为学习几段对话，要么在主题上还原为现实生活，要么在形式上转化为一段表演，这些问题都应该引起我们的高度重视。

一、学童话就是学对话

如《从现在开始》这篇童话课文，主要讲述了猫头鹰、袋鼠、小猴子接替狮子轮流做"万兽之王"，猫头鹰和袋鼠以自我为中心，不懂得尊重别人的生活习惯，致使动物们"叫苦连天"；而小猴子却十分尊重动物们的个性，它让大家按照自己习惯的方式过日子，受到人们的拥戴，成为"万兽之王"的故事。有位教师在教学这篇课文时，考虑到学生最喜欢童话故事中丰富的想象、生动的语言、夸张的人物，而这些都集中体现在文中人物的对话上面，于是，他在学生初读课文时立马让他们找出文中的几处对话，并要求边读边体会人物的特点。随后，他让学生带上动作通过多种形式（如个别读、同桌读、小组读、师生合作读）反复朗读这几处对话，从而让学生体会到猫头鹰的神气、小猴子的随和、狮子的威严。这样的教学，看似直奔重点，实则忽视了童话故事的完整性，反而影响了学生对童话故事的解读。

二、学童话就是学道理

作家梅子涵说过："童话就像一个太阳，让整个人类都有了长大和生活的光亮。"可见，童话之于儿童，是每一个幸福童年不可或缺的记忆。在童话的幻想世界中，人获得了一种想象中的胜利感，一种从人的各种局限中超越出来的解放感、自由感，这种胜利感、解放感、自由感自然带给人一种审美的愉悦。有位教师在教学《从现在开始》这篇课文时，为了帮助学生深入了解童话故事所蕴含的道理,设计了"猫头鹰、袋鼠、小猴子的做法各不相同,你赞成谁"这一合作探究题,让学生进行小组合作学习。在学生交流时,教师把童话故事里的人物与现实生活中的人物进行对照,然后告诉学生猫头鹰、袋鼠、小猴子都有各自的长处,也有自己的短处,都有可取之处。但令人遗憾的是,在教学时,这位教师多次提到童话故事的内容都是想象的,在现实生活中是不可能存在的,只是借助课文告诉我们一个道理。这样的设计,看似揭示了主题,实则忽视了想象的重要性,把学生一下子拉回到现实生活中,冲淡了学生对童话故事的兴趣。

三、学童话就是学表演

低中年级学生在感知对象时以形象思维为主,而表演形象直观、生动有趣,切合低中年级学生的年龄特点。因此,许多教师在低中年级语文课上,都喜欢创设情境让学生表演。这样的设计,可以激发学生的学习兴趣,还能调动学生的多种感官,加深对课文的理解。有位教师在教学《从现在开始》这篇课文时,也是采取以演促学的策略,让学生在了解猫头鹰、袋鼠、猴子、狮子对话的基础上,直接放手让学生以小组为单位进行表演。但在教学过程中,由于许多学生只是一味关注猫头鹰、袋鼠、猴子、狮子夸张的动作,忽视对人物语言等其他方面的感悟,再加上教师对表演的要求交代不清,许多学生都喜欢演猴子、狮子,不喜欢演猫头鹰、袋鼠,一直争吵不休,以致教师叫停时,有的小组还没准备好。在现场表演时,许多学生纷纷戴上头饰轮番上场,令人目不暇接,笑意浓浓。可这是一节语文课,扎实的语言文字训练在哪里?学生的语文素养如何提高?而且,过多的表演挤占了宝贵的语文学习时间,学生被眼前热闹的表演吸引,没有时间与文本深入对话,只好来去匆匆,粗略地感知一下文本。

第四节　童话故事类文体教学的策略

基于以上教学存在的误区,以《从现在开始》这篇童话故事为例,可以从以下三个方面避开教学误区,提高教学效率。

一、整体感知，把握内容

于永正老师说过："书不读熟不开讲。"也就是说，学生拿到一篇课文，如果对课文没有一点整体印象，怎么可能与课文进行全面对话，进而走进文本、走近作者呢？因此，整体感知课文有利于学生从总体上把握全文，否则如果淡化了对课文的整体感知，学生就不可能从总体上把握全文，对课文的了解就支离破碎。

因此，在教学《从现在开始》这篇课文时，可以先让学生用自己喜欢的方式初读课文，在此基础上，让学生说说从课文中知道了什么，以及对猫头鹰、袋鼠、猴子和狮子的初步印象如何。接着，让学生说说从文中的哪些地方感受到他们的特点，让学生从对话中发现人物的不同特点。如教学猫头鹰的对话时，可以紧紧抓住"神气极了"一词，引发学生想象：猫头鹰为什么会觉得神气极了？他神气极了会有什么样的表现？可以用什么词语形容猫头鹰？再让学生带着这样的感受读读猫头鹰说的话，自然能更加深刻体会到"神气极了"的意思。教学袋鼠、小猴子、狮子的对话时，紧紧抓住文中的关键词语"激动""欢呼""笑眯眯"等用巧妙而又贴切的语言引导学生进行想象，从而理解人物的特点。最后，再让学生带着这样的感受读出人物的语气，这样不仅能使学生从整体上感知课文内容，而且能使学生进一步理解、领悟寓意，真正达到一种"润物细无声"的效果。

二、还原场景，获得启迪

孩子天生爱想象，喜爱故事，是天生的故事王，也只有让他们走进故事，聊着故事，编着故事，他们才会分不清故事中的"我"和生活中的"我"，才会心甘情愿地和故事中的主人公一起恐惧、一起悲伤、一起幻想……因此，我们要深入挖掘教材因素，充分利用思维空间，引导学生展开合理想象，还原场景，丰满人物，获得启迪。

在教学《从现在开始》这篇课文时，在学习猫头鹰当上"万兽之王"这一部分时，可以通过创设场景，启发学生思考：因为猫头鹰，动物们过上了怎样的生活？在交流时，有的学生说："牛伯伯只能白天睡觉，夜晚出来到处找草吃，可四周黑乎乎的，什么也看不到，牛伯伯好几次把石头当草吃进嘴里，竟咬断了好几颗牙齿，真是苦不堪言。"有的学生说："公鸡姐姐白天躲在窝里睡大觉，一到晚上就到处叫个不停，弄得人们分不清白天黑夜，恨不得把所有的公鸡都赶出村子，这样的日子真是没法过了。"同样，在教学袋鼠和猴子上任后的情景时，也可以创设这样的场景，启发学生想象：动物们又是怎样生活的？在想象中，学生能悟出这样的道理：我们只有懂得尊重别人，才会受到大家的欢迎。

三、品味语言，落实语用

语文是一门实践性较强的课程，在语文教学中融入表演因素，可以极大地调动学生学习的积极性。但是，我们不能简单地把它理解为表演，追求表面热闹。而是应当从课文的特点出发，采用读一读、想一想、说一说、品一品等语文的学习方式，让学生在充满想象的童话情境中学习课文、品味语言。

在教学《从现在开始》这篇课文时，可以先出示课文插图一和课文第二自然段，接着让学生读一读，说说从中读懂了什么。当学生说出猫头鹰当上"万兽之王"后"神气极了"时，就让学生"神气"地读一读，通过对比读、悟读，体会"神气极了"的意思。随后，让学生进行这样的仿写"＿＿＿＿极了"。在理解了"神气极了"之后，可以引导学生说一说小动物会议论些什么，怎样叫苦，从而理解"议论纷纷、叫苦连天"的意思。最后采用各种形式的读，让学生在读中进一步感悟猫头鹰的神气和动物们的"叫苦连天"。

在指导学习第三、四自然段时，可以抓住重点词语"激动""直摇头""担心""欢呼起来"等并结合图画指导学生感悟、理解。在此基础上让学生进行有感情朗读，并进行这样的语用训练："＿＿＿＿来＿＿＿＿去""立刻＿＿＿＿＿"。接着，启发学生思考：狮子为什么说不用再往下轮了？使学生明白要学会尊重他人的道理。最后，通过"假如让你当班长，假如让你当组长，你会怎么做？"这一贴近学生生活的问题供学生讨论，让他们设身处地地换位思考，并模仿课文中的表达方法来畅说。可以说，语文的外延与生活的外延相等，脱离了丰富多彩的生活，学生不可能养成丰厚的语文素养。学生联系实际，自主表达，既能发展语文能力，又能懂得在生活中要尊重他人的道理。

总之,在教学中,我们要围绕童话故事的特点,从学生和课文的实际出发,用语文的学习方式来读文、想象、悟理,这样才能走出童话故事类课文教学的误区,使童话故事类课文的学习成为语文教学中一道亮丽的风景。

第五节 《小蜗牛》教学设计

一、课文简说

《小蜗牛》是一篇童话故事,以一只可爱的小蜗牛和它慈爱的妈妈之间有趣的对话呈现故事情节。小蜗牛在妈妈的提示下去树林玩,由于爬得慢,总是错过原来的季节,看到了下一个季节的风景。课文借助小蜗牛先后三次去树林的故事,帮助学生了解四季的不同特点以及蜗牛爬得慢的特点。

这篇课文以小蜗牛的视角,生动鲜活地展现了一年四季的自然变化。第二、三、四自然段的结构相同,小蜗牛的动作和蜗牛妈妈的语言不断反复,有利于学生习得语言,发展思维。

因此,教学这篇课文时,教师可以引导学生根据蜗牛妈妈和小蜗牛的不同身份读出不同的语气。如蜗牛妈妈的话要读出亲切、温和的语气,小蜗牛的话要读出天真可爱的感觉来。同时,教师还可以抓住一些关键词语,引导学生读出感受。如通过"已经"一词,可以强调小蜗牛错过了原来的季节,分别遇到了夏天、秋天、冬天;读"小蜗牛爬呀,爬呀,好久才爬回来"时,可以读得慢一些,进一步感受小蜗牛爬得慢的特点。此外,教师还可以在课前出示图片或视频,让学生了解蜗牛及其行动方式,让学生知道蜗牛是一种爬行非常缓慢的动物,从而扫清理解课文内容的认知难点。

二、教学目标

(1)流利有感情地朗读课文,积累"ABAB"形式表示颜色的词语。

(2)借助图画、生活经验,理解课文内容,了解四季的变化与特点。

(3)模仿课文"反复"的表达方法,创编故事。

三、教学过程

(一)复习导入,巩固提升

1.板书课题,明确目标

导入:同学们,在上节课的学习中,我们和小蜗牛交上了朋友。这节课,我们继续跟着小蜗牛去小树林,去欣赏森林的美景。

2.认识蜗牛,复习词语

认识蜗牛,复习课文词语。

3.分段读文,把握内容

过渡:说说通过上节课的学习,我们了解到的课文内容。

4.图文对照,理清顺序

过渡:[用课件出示四幅插图(见下页图)和4个句子:①树叶全变黄了。②树叶全掉了。③小树发芽了。④小树长满了叶子,树叶碧绿碧绿的。]根据回答的内容,给这四幅图排排序。

小结:课文就是按春夏秋冬的顺序来写小树林的美景的。接下来,我们就要和这只可爱的小蜗牛一起去感受小树林四季的美景。

【设计意图:字词教学是低年级语文教学的重点,通过趣味复习帮助学生巩固上节课所学的知识,回顾课文的主要内容和理清课文的表达顺序,为本节课的学习做好铺垫。】

二、研读课文，感悟四季

过渡：请同学们跟着小蜗牛一起到课文里去，用你们的眼睛去发现春夏秋冬四季的特点。（出示阅读提示：读读课文的第2~8自然段，想想你们从哪些信息知道了春夏秋冬的到来，请画出相关的词语或句子。）

（1）感悟春天的特点。

（2）感悟夏天的特点。

（3）感悟秋天的特点。

（4）感悟冬天的特点。

【设计意图：通过引领学生接触文本，在读懂文本的基础上，让学生联系生活积累，感知四季的变化，同时引导学生积累词语和句式。学生在"读""看""想""说"的过程中，落实了听、说、读、写相结合的训练，促进了表达能力的提高。】

三、感知"反复"，创编故事

1. 师生合作读，发现言语秘密

师：课文以连环画的方式出现，通过小蜗牛和蜗牛妈妈的对话，让我们知道了一年四季的不同景色以及蜗牛爬得慢的特点。你们喜欢这个故事吗？老师想和同学们合作读课文。老师读叙述部分，男生读小蜗牛说的话，女生读蜗牛妈妈说的话。

师：有一句话在文中出现了三次。大家发现了吗？（课件出示：小蜗牛爬呀，爬呀，好久才爬回来。）

师：像这样格式相同的词语或句式相同的句子，在文章中重复出现的手法，我们把它叫作反复。同学们读过《小蝌蚪找妈妈》的故事吗？我们一起来看一看，文中也用到了反复的手法。（课件出示《小蝌蚪找妈妈》的故事）

2. 用言语形式，编写童话故事

师：反复是编写童话故事最常见的一种方法。请同学们观察下面这几幅图。（课件出示：《小鸟找秋天》中小鸟飞过果园、树林、田野的画面。）谁来说一个可以反复运用的句子？

【设计意图：引领学生发现言语的秘密，并借助这种"秘密"的言语形式，进行言语表达的训练，促进学生表达能力的提高。】

四、总结布置，拓展延伸

师：今天，小蜗牛带着我们一起领略了四季不同的美丽景色。回去后，把这个故事讲给你的爸爸妈妈听。

师：想一想，一年四季还有哪些不同的景色，请你选择一种或几种自己喜爱的小动物，仿照课文也来编一个童话故事。

【设计意图：树立大语文教学观，把语文学习延伸到课外。在这一环节中，通过让学生讲故事，或借助课文的言语形式编故事，培养学生的表达能力。】

第六章

民间故事类文体价值的教学探索

第一节　民间故事类文体的特征

民间故事是一种口耳相传的文学形式，是中华传统文化的一个重要组成部分，它的内容浅显易懂。同时，民间故事作为一种较为特殊的文体，具有人物形象鲜明、语言富有生活气息、情节生动感人、读起来给人温暖和感动的特点。目前，在统编版教科书中，民间故事类的课文占有一定的数量，而且大多安排在二、三学段，如《漏》《枣核》《猎人海力布》《牛郎织女》等。

民间故事，作为一种集体创作，在情节、主题、人物等方面有显著的类型化倾向。主题的类型化指许多故事表达同样的主题，如表达生活变富或弱者获胜的愿望，对机智善辩的赞扬、对愚蠢呆笨的讽刺等。人物的类型化指许多故事的人物属于同一种形象类型，即在品格、行为等方面的主要特征是共同的，如巧媳妇型、呆女婿型、机智人物型等。因此，民间故事主要具有以下特征：

（1）时代久远，往往伴随着人类的成长历程而经久不衰。

（2）口头传播，民间故事大都以口头形式传播。

（3）情节夸张、充满幻想，大都表现了人们的美好愿望。

（4）多采用象征形式，内容往往包含着超自然的、异想天开的成分。民间故事像所有优秀的作品一样从生活本身出发，但又并不局限于实际情况以及人们认为真实的和合理的范围之内。

第二节　民间故事类文体的价值

民间故事是从远古时代起就在人们口头流传的一种以奇异的语言和象征的形式讲述人与人之间的种种关系，题材广泛而又充满幻想的叙事体故事。民间故事从生活本身出发，但又并不局限于实际情况以及人们认为真实的和合理的范围之内。它们往往包含着自然的、异想天开的成分。

一、娱乐教育价值

故事的娱乐教育价值是显而易见的，无论是对于成年人还是对于儿童来说都是如此。

二、艺术欣赏价值

民间故事具有立足于现实生活又富于幻想的艺术特色，它的简洁精练的表达方式和曲折生动的结构技巧等，都有很大的艺术欣赏价值。

三、文化资料价值

民间文学是民俗学的重要研究对象，具有一般文学的性质，但又是不同于作家文学的特殊文学。民间故事作为民众生活与思想的反映，是研究民众生活方式与思想状况及其发展历程的重要资料。

第三节　民间故事类文体教学的误区

在民间故事类文体教学中，有效的提问不仅能调动学生参与活动的兴趣和积极性，而且有助于教师将教学活动逐步引向深入，顺利完成民间故事教学目标。然而，在实际教学中，许多教师存在一些共性的问题，淡化了民间故事类文体所具有的教学价值。

一、提问简单，缺乏启发性

有些教师提出的问题学生基本上不用思考，更不需要做出深入的思维活动就能较快地做出正确回答。比如，在民间故事《猎人海力布》教学中，有的教师会问："海力布最终为什么会变成石头？""村民们有没有获救？"……这些问题虽然看起来活动氛围很浓，但学生只是热闹于这种不用动脑、简单的集体应答环境中，而无助于其思维的发展。

二、提问单一，缺乏目的性

有的教师只是把提问当作民间故事教学的必备手段，目的单一，往往只是为了引导学生说出故事中的内容。比如，讲完故事后教师问："故事里讲了一件什么事？""故事里有谁？""他们在做什么？"……教师虽然设计了诸多问题，但大多无助于实现教学目标。这样容易造成学生思维的局限性和片面性，往往会使活动枯燥、乏味，压抑学生的兴趣和主动性。

三、提问随意，缺乏层次性

有的教师事先没有精心设计与编排问题，在活动中随意提问，意思相同的问题往往会在不同的环节中出现。问题之间也缺乏层次感，条理混乱，因而会干扰学生的思维。比如，在民间故事《牛郎织女》教学中，有的教师在不同环节中提问："牛郎织女一开始的生活怎么样？""谁抓走了织女？""谁帮助牛郎飞上天？"……虽然问题个数多，但由于教师缺乏对故事的系统梳理，致使所提问题缺乏层次性。

四、提问单向，缺乏互动性

苏霍姆林斯基指出："课堂上一切困惑和失败的根子，绝大多数场合下都在于教师忘却了：上课，是教师和儿童的共同劳动，这种劳动的成功，首先是由师生关系来确定的。"互动式的提问能为师生的交流和对话提供良好的平台，但在民间故事教学中，教师往往为了不打断自己已有的思路和设置好的活动进程，而敷衍或压制学生的提问和质疑。

第四节　民间故事类文体教学的策略

在民间故事类文体教学时，很多教师只是简单地引导学生了解民间故事的内容，简单分析人物形象的特点，缺乏对文体特点的整体把握和对学生概括复述能力的培养，缺乏对其文化价值的深入挖掘和拓展。这样的教学，没有从根本上立足学生语文学习的核心任务，即强化言语实践，更不能充分挖掘和利用这类文本应有的"教学价值"。因此，民间故事类文体要充分挖掘其"教学价值"，引导学生更好地进行言语实践，促进其语文核心素养的提升。

一、品读故事，把握文体特点

民间故事情节生动，可读性强。因此，在教学时，教师要站在学生的角度，通过品读、比较、品析，整体把握民间故事的文体特点。

(一)感受充满神奇的人物形象

民间故事之所以能一直流传至今，一个重要原因是故事中的人物形象鲜明。因此，教学民间故事类课文时，教师要帮助学生深刻地认识人物形象，让故事中的人物走进学生的内心。

如五年级上册《牛郎织女》这篇课文中的"人物"众多，有牛郎、织女、王母娘娘、老牛、喜鹊(故事中的老牛和喜鹊不仅具备人特有的特点，而且老牛在故事中起到穿针引线的作用，同样可以把它们认定为人物)。因此，在教学时，教师可以选择学生最感兴趣的人物进行分析，如对于"老牛"这个人物，教师就可以引导学生用心体会它的"奇特"之处。学生品读相关语句后，就会发现老牛的"奇特"主要体现在以下几个方面：一是老牛会像人一样说话。因为他能告诉牛郎，织女何时会下凡。二是老牛能够预知未来的事情。因为他知道牛郎会遇上织女，也知道王母娘娘是不会放过织女的。三是牛皮披在人身上就会飞起来。因为牛郎披上牛皮后，就能飞上天去追织女了。可以说，教师引导学生进行这样一番解读后，民间故事的神奇人物形象便会在学生心中变得清晰起来。

(二)把握一波三折的故事情节

民间故事之所以能永久传诵、拨动读者的心，还有一个重要的原因是故事中的情节一波三折。因此，教学民间故事类课文时，要引导学生在读懂故事内容的基础上，发现表现手法即表达形式上的特点。

如教学三年级下册《枣核》这篇课文时，教师就可以引导学生用心体会峰回路转、柳暗花明的故事情节：一户人家成天盼着要个小孩(结果如何)——枣核不见长大(枣核会怎么安慰父母)——庄稼人纳不上粮，衙役牵走牛、驴(枣核怎么做)——枣核把牲口赶回村子(官府怎么做)——铁链绑住枣核(县官怎么做)——县官让人打枣核(枣核怎么做)——枣核蹦来跳去(结果如何)——县官的牙被打掉(枣核大摇大摆地走了)。这样，学生在教师的点拨引导和启发下，就能从中体会到一波三折的情节设置，更深层次地理解故事的内容。同时，学生也潜移默化地学会一波三折的故事表现手法，为今后阅读民间故事、学习民间故事提供了方法上的支撑。

(三)品味平中有奇的文本语言

民间故事的语言大多比较平实，少有唯美煽情的语言。但只要细细咀嚼，很多语言还是很精彩的，值得回味。

如三年级下册《漏》这篇课文，是由陈清漳搜集整理的民间故事，整个故事的语言比较平实，没有优美的语句，但细细揣摩，我们就会发现有些语句还是比较精彩的。如"老虎吓得浑身发抖，贼听得腿脚发软。贼心里害怕，脚下一滑，扑通从屋顶的窟窿里跌下来，正巧摔到虎背上。"这段文字对老虎和贼的神态和动作描写可谓生动传神，从"浑身发抖""腿脚发软""脚下一滑""跌下来"等词语中，我们就能感受到老虎和贼的紧张与害怕，更会为他们的安危深感不安。又如"老虎正走着……心想：'漏又来了，这下我可活不成了'"这句话，对老虎语言的描写同样细致入微，从"这下我可活不成了"这个短语中，我们更能深切体会到老虎害怕到了极点。因此，教师在教学时可以抓住故事中的精彩片段，引导学生细细体味，用心感受民间故事语言的精妙。

二、复述故事，讲出传奇色彩

民间故事类课文虽然大多篇幅较长，但故事的起因、经过和结果非常明显，是训练学生概括和复述能力的极好范本。因此，教师在课堂上可以指导学生通过复述民间故事，讲出故事的味道，感受故事的魅力。如教学五年级上册《猎人海力布》这篇课文时，可以这样引导学生复述故事。

(一) 简要复述故事

复述是学生需要训练的重要语文能力，因此，教师要激发学生阅读兴趣，让学生多读民间故事，培养听故事、讲故事的能力，从而感受民间故事的魅力。

1. 分层尝试复述

教学时，教师可以先给足学生自由阅读故事的时间，并根据故事条理尝试把故事分成五个部分，再引导学生用自己的话复述每一部分的内容：第一部分，小白蛇被老鹰抓住，情况万分危急，海力布搭箭开弓，救下小白蛇；第二部分，龙王为了感谢海力布救了小白蛇，把口中的宝石送给了海力布；第三部分，海力布借助宝石从动物口中听到村里告急的消息；第四部分，海力布劝说村民离开村庄，村民不听劝告，海力布只好说出实情；第五部分，海力布说出实情后变成一块石头，村民含泪离开，都得救了。

2. 运用词语复述

让学生用四字词语进一步提炼五个部分的内容，再让他们复述故事。如第一部分，可以用四字词语提炼为"白蛇遇险，搭箭相救"。于是，学生就可以按照这样的范例提炼其他四个部分，只要内容准确，说法可以不一样。接着，教师可以引导学生大致围绕"酬谢报恩，获得宝石——鸟口得知，村里告急——力劝离开，村民不听——变成石头，含泪离开"尝试进行复述训练。

3. 全文详细复述

在学生梳理了每一部分内容后，教师可以引导学生按照故事发展的顺序进行全文详细复述。如第一部分内容可以这样复述：有一天，海力布到深山里打猎，看到一只老鹰抓着一条小白蛇从头上飞过，情况万分危急，海力布赶紧搭箭开弓，救下小白蛇。接着，可以让学生根据这一范例选择自己最感兴趣的一个部分练习复述。最后，再让学生按故事发展的顺序把每一部分连起来进行全文复述。这样的复述，从部分到全文，从简单到详细，由容易到复杂，循序渐进，促使学生的复述能力得以提高。

（二）创造复述故事

直白地复述故事会使听者昏昏欲睡，有变化地复述故事才能打动人、吸引人。因此，教师可以根据故事情节中的空白点引导学生进行想象和创编，加上一些拟声词，配上一些动画音效，把民间故事讲得有声有色，让人身临其境。

如《猎人海力布》这篇课文中的"半夜里，只听一声震天动地的巨响，大山崩塌了，洪水涌了出来，把他们住的村子淹没了"这句话，教师可以这样引导学生进行复述："这么夸张的情节怎么才能讲出味道来呢？"有的学生说："我觉得这句话可以配上拟声词，更能表现出故事的夸张味道。"于是，教师接着引导学生："不错，配上拟声词可以让听众有一种现场感。那你们说说哪些地方可以配上拟声词呢？"有的学生说："在'巨响'的后面可以配音'轰隆隆'。"有的学生说："在'大山'后面可以配音'咔嚓嚓'。"有的学生说："在'洪水'后面可以配音'哗啦啦'"……这样复述故事，可以让学生身临其境，仿佛在看动画片一样。此外，教师还可以引导学生抓住故事情节的空白点，创造性复述故事，让听众身临其境。

三、拓展阅读，感悟文化魅力

民间故事蕴含着丰富的文化内涵，是学生了解中华文明和民族历史的重要载体。因此，教师要引导学生进一步拓展阅读，从整体上把握民间故事的文化价值，感受民族文化的魅力。

（一）由一篇走向全书

温儒敏教授说过："现在语文教学最大的弊病就是学生读书少、不读书。教材只能提供少量的课文，如果光是教课文、读课文，不拓展阅读量，那么无论怎么用力，语文素养也不可能真正提升上去。"因此，教师要想方设法地引导学生阅读好书，并最终爱上课外阅读。

如教完《牛郎织女》这篇课文后，学生只能从课文中简单了解到牛郎与织女结为夫妻，后来织女被王母娘娘带回天庭，最后他们在喜鹊的帮助下鹊桥相会。至于其他有关牛郎织女的故事，学生了解不多。这时候，教师就可以推荐学生阅读黄蓓佳整理的《牛郎织女》这本书，学生就会从书中了解到其他有关牛郎织女的故事：如牛员外晚年得子、金牛星下凡救金郎、太白金星点化金郎等内容。这样，学生通过对整本书表层信息的浏览，不仅初知整本书的主旨、梗概，还能产生继续阅读的兴趣。当然，整本书阅读教学还要依托教学情境，让学生用心感受语言的趣味，引导学生爱上阅读，让书中的语言材料转化为语言学习的资源。

（二）从一篇走向一类

民间故事是一个民族整体文化的一部分，反映的是一些民族习俗、信仰或社会情况。因此，教学时，我们要把民间故事当成"民族文化的活化石"，而不能把它们仅仅看作一篇篇课文，要学会以一带多，帮助学生由这一篇课文引向这一类文体的学习，真正通过"一斑"得以窥见民族文化的基因。

如教学《猎人海力布》这篇课文时，要重点引导学生关注海力布"舍己救乡亲"的起源与变化，并出示与这一民间故事有关的诗句、典故，让学生更加全面理解"个人利益服从集体利益""舍小家顾大家"的大无畏英雄主义精神。接着，教师可以补充有关"舍小家顾大家"的民间故事《大禹治水》《八仙过海》，让学生在群文阅读中，探究故事的主题、表达的情感、人物的形象，从整体上把握民间故事所包含的中华民族的文化价值。

总之，民间故事源于古代人民对生活的美好愿望，是对大自然的观察、对价值追求的体现，是中国优秀传统文化的瑰宝。我们要将民间故事深深地印在学生的心中，让学生从民间故事的学习中感受到民间故事独有的魅力。

第五节 《漏》教学设计

一、课文简说

《漏》是统编版教科书三年级下册中的一个民间故事，故事围绕"漏"展开，老虎和贼对"漏"极其害怕的心理导致他们不辨真伪，盲目逃窜，下场非常可笑。这个故事讽刺了老虎和贼的愚蠢和贪婪，告诉人们做贼心虚、干坏事没有好下场的道理。

《漏》这篇课文在语言表达上具有口语化的特点，如"管他狼哩，管他虎哩，我什么都不怕，就怕漏！""坏事，'漏'等着吃我哩！"语气词"哩"为故事增添了浓浓的生活气息。又如"旋风一样，停都不停""想想不甘心，还是要回去偷驴""这下我可活不成了"都来自生活中的口语，读起来通俗易懂，毫不费力。

《漏》这篇课文的故事情节曲折离奇。故事第 1~2 自然段，以民间故事常见的方式"从前……"开头，交代了故事人物和他们之间的关系：老爷爷、老婆婆和他们饲养的小胖驴，一心想吃小胖驴的老虎和一心想偷小胖驴的贼。第 3~18 自然段，讲述了一个雨夜发生的故事。第 19~20 自然段是故事的结尾，与故事的开头相照应：天亮了，老婆婆一家和小胖驴安然无恙，但屋顶却真漏了。故事一波三折，读起来极具趣味性。

《漏》这篇课文的心理描写入木三分。如第 6 自然段中老虎想："翻山越岭我什么都见过，就是没见过'漏'，莫非'漏'比我还厉害？"第 7 自然段中贼想："走南闯北我什么都听过，就是没听过'漏'，莫非'漏'比我还厉害？"两句话中"翻山越岭"和"走南闯北"写出了老虎和贼都自认为见多识广，"莫非'漏'比我还厉害"写出了他们做坏事时担惊受怕的恐惧心理。所以才会一个"吓得浑身发抖"，一个"听得腿脚发软"，才有了下文中贼和老虎不辨真伪、狼狈逃跑的故事。

因此，教学这篇长课文时教师要先带领学生初步感知故事内容，大致了解故事中有哪些人物，讲了一件什么事。然后让学生画一画老虎和贼的逃跑路线，说说自己觉得故事中的哪些内容最有意思。同时，在交流过程中，教师还要指导学生分角色朗读，进一步理解内容，体会老虎和贼的心理活动，感受他们做坏事时的心虚害怕。最后，教师让学生在梳理清楚顺序、反复读文的基础上，根据提示练习完整地复述故事。

二、教学目标

(1)学习生字新词，分角色朗读课文，揣摩老虎和贼恐惧的心理。
(2)发现文本蕴含的规律，感受民间故事情节的趣味和语言的魅力。
(3)借助示意图和文字提示，发挥想象，用自己的话复述故事。

三、教学过程

(一)激趣导入，整体感知

(1)让学生说说自己了解的民间故事。
(2)出示课题《漏》，学习生字。
(3)引导学生整体感知，梳理文脉。
①初读故事，理清人物之间的关系。
老爷爷、老婆婆和小胖驴以及想吃小胖驴的老虎和想偷小胖驴的贼。
②搭设阶梯，帮助学生快速梳理文脉。
【设计意图：让学生通过回顾了解的民间故事，激发学习兴趣。同时，在学生初步感知故事内容的基础上，搭设阶梯帮助学生梳理课文内容，为后面的教学做好铺垫。】

(二)品读课文，探寻趣味

1.梳理故事情节，感受故事的趣味

情节一(第1~9自然段)：老爷爷和老婆婆说"漏"，吓跑了虎和贼。
情节二(第10~11自然段)：虎驮着贼，贼骑着虎。

情节三(第12~17自然段):虎蹭贼,贼上树,贼和虎树下相遇,滚下山坡。

情节四(第18自然段):虎和贼都以为对方就是"漏",吓昏了过去。

2.扶放结合,让学生体会有趣的情节

(1)重点指导第一个情节,分步复述训练。
①从哪些词句中看出老虎和贼的害怕?
②想象老虎和贼的内心活动。
③分角色朗读。
④用自己的话说说这个情节(可加上动作)。
(2)让学生迁移学习最感兴趣的一个情节。

3.小组合作串讲故事

让学生运用找关键词、发挥想象、角色朗读、复述情节等方式小组合作串讲故事。

【设计意图:教学长课文时,首先要带领学生初步感知故事内容,大致了解故事中有哪些人物,讲了一件什么事。因此,在这一环节教学中,主要是引导学生梳理故事情节,感受故事的趣味。同时,重点指导第一个故事情节,为学生后面的故事复述做好准备。】

(三)合作学习,寻找规律

(1)引导学生从人物的语言、动作、心理描写发现表达的规律。
①从文中找出描写贼语言、动作、心理的语句,思考:贼怎么想、怎么做?
②从文中找出描写老虎语言、动作、心理的语句,思考:老虎怎么想、怎么做?
(2)引导学生从地点、雨势的变化发现情节变化的规律。
①地点发生了哪些变化?(屋子——路上——歪脖子树——山坡——屋子)
②雨势发生了怎样的变化?(蒙蒙细雨——雨大了起来——雨越下越

大)

【设计意图：这一环节主要是引导学生从故事中人物的语言、动作、心理描写，发现表达的规律和从故事中的地点、雨势的变化发现情节变化的规律，从而感受故事情节的曲折离奇。】

(四)借助提示，复述故事

(1)借助示意图，让学生整理复述思路。

①引导学生厘清故事的先后顺序。

②让学生尝试根据地点变化的顺序复述故事。

(2)同桌互述，互相评价。

(3)交流展示，评选"故事大王"。

【设计意图：本单元的语文要素之一是"了解故事的主要内容，复述故事"。因此，在这一环节教学中，主要是引导学生借助示意图复述故事，培养学生复述故事的能力。】

(五)布置作业，拓展阅读

(1)借助"示意图+文字提示"的方法复述《漏》这个故事。

(2)推荐阅读王昊主编的《中国民间故事》。

【设计意图：通过推荐学生阅读王昊主编的《中国民间故事》，可以拓展学生的阅读范围，使其感受民间故事的魅力。】

第七章

革命传统教育类文体价值的教学探索

第一节　革命传统教育类文体的特征

革命传统教育类课文，是指五四运动以来反映中国人民追求国家独立、民族富强、人民幸福的文学作品，是中国特色社会主义先进文化的重要内容，也是立德树人的重要载体。因此，统编版教科书中增加了革命传统教育类课文的分量。革命传统教育类课文主要有以下四个特征：

一、课文呈现形式丰富

教材围绕革命传统教育内容，在呈现方式上形式丰富，有识字韵文、现代诗歌、律诗、文言文等。这些文章中既有直抒胸臆的豪情，也有亲人、战友的回忆见证，还有文学作家的经典描述。教材还在语文园地的"日积月累"栏目安排了与革命相关的诗词、名言警句，以学生喜闻乐见的形式承载着独特的教学价值。

二、不同年代各有代表

从课文内容所处的年代来看，抗日战争时期的、抗美援朝时期的……时间跨度超过一百年，展示了不同时期的革命英雄事迹和领袖风采。

三、人物角色层次多维

革命传统教育类文本中的人物涉及不同时代的社会各个层面。他们的经历告诉我们,战争年代需要崇高理想信念和团结拼搏、顽强乐观的精神,在和平年代的当下,我们依然需要传承革命精神。

四、单篇与单元相结合

课文的编排依据学生的认知特点,篇幅由短到长,篇数由少到多,由分散的单篇逐渐过渡到集中的主题单元,体现了从单篇初步感受革命传统精神再到主题单元立体深度学习。主题单元多以诗歌开篇,体现革命精神的文化传承。

第二节 革命传统教育类文体的价值

革命先辈的身上蕴含着许多美的因素,小学语文教科书中编录了大量革命传统教育类课文,这些课文对促进小学生形成积极的价值观有着不可或缺的重要作用。然而,部分教师在教学中忽视了革命传统教育类课文所特有的育人功能和审美价值,未能将英雄精神渗透到学生的生命成长中。因此,我们要关注语文要素的前后勾连,深入挖掘课文的审美价值和精神内涵,这样方能促进学生的言语能力与审美创造能力齐头并进。

一、感悟英雄品质之美

入选统编版教科书的革命传统教育类课文通过丰富的故事情节再现了英雄人物的光辉形象,有着"以文化人,以美化人"的价值思想。教师可以从单元语文要素入手,引导学生在品词析句中捕捉英雄人物特征,感悟其品质之美。

(一)体会英雄人物境界之美

在革命传统教育类课文中,作者往往通过关键词句来塑造英雄人物的革命精神。教师要引导学生抓住课文中的重点词句,紧扣关键词眼,感悟英雄人物的崇高形象,从中获取精神力量。如四年级下册《黄继光》这篇课文,通过人物的语言和动作描写,塑造了黄继光英勇无畏的革命英雄形象。在教学时,教师可以引导学生关注描写黄继光语言和动作的语句(……只见黄继光又站起来了!他张开双臂……),先让学生从语句中找出描写黄继光动作的词语"站起来""张开""堵住"等,然后让学生说说黄继光面对敌人的枪林弹雨为什么还会这样做,他的心里在想什么,从中我们可以体会到什么。这样的教学,能让学生在思考与交流中体会黄继光奋不顾身、英勇顽强的英雄气概。

(二)体会英雄人物内心之美

在革命传统教育类课文中,作者往往会将英雄人物与其他人物进行对比,或者将故事情节的前后变化进行对比,从而刻画出英雄人物高大的形象。在教学中,教师要引导学生关注文本语言的表达特点,体会人物一波三折的内心变化,从而理解主人公的形象特征。如五年级下册《军神》这篇课文,文中多处运用对比的方法写出了沃克医生对刘伯承态度的前后变化,烘托出刘伯承堪称"军神"的强大内心和钢铁般意志。在教学时,教师可引导学生抓住沃克医生神态、语言、动作的相关语句进行多重阅读,层层深入,走进刘伯承的内心世界。如沃克医生一开始对刘伯承的表情是"冷冷地问",听到不用麻醉剂时是"愣住""惊呆",得知病人是刘伯承时"肃然起敬",学生从这些词语中可以感受到沃克医生对刘伯承的态度由冷漠到赞许再到敬佩的内心变化,从而体会到刘伯承乐观无畏的革命精神。

(三)体会英雄人物品格之美

在革命传统教育类课文中,作者往往通过外貌、语言、动作、神态等描写,刻画出栩栩如生的人物形象。在教学中,教师要引导学生抓住文本中精彩的细节描写,用心赏析英雄人物的高贵品格。如六年级上册《我的战友邱少云》这篇课文,作者运用点面结合的方法刻画出抗美援朝战斗英雄邱少云的高大形象。教学时,教师可抓住"邱少云在烈火中纹丝不动"这个细节描写,引导学生沉潜到文字深处细细咀嚼。如"……像千斤巨石,伏在那儿纹丝不动……"这句话，可以让学生说说哪些字眼（如"伏""纹丝不动""没""极轻微"）深深刺痛他们，并说说邱少云在烈火中的内心想法，让学生从中感受到邱少云为了战斗的胜利宁肯牺牲自己也不跳出火堆的高贵品质，从而丰富学生的审美体验。

二、领会价值意蕴之美

革命传统教育类课文中的事件发生的时间大多在八九十年前，当时的环境与学生现代生活的环境有很大的不同，但这些课文对学生成长、社会发展仍然具有丰富的精神价值。因此，教师可以联结各种资源，在文本空白处或学生认知迷茫区给予适当点拨，让学生认同革命英雄人物的高尚品德，领会其意蕴之美。

（一）体会人物品质之美

统编版教科书在三至六年级的革命传统教育类课文中编排了多个与革命题材有关的"阅读链接"，这些阅读资源是语文教学的重要组成部分，对引领学生树立正确的价值观有着积极作用。如五年级下册《军神》这篇课文，课后安排了"阅读链接"——《丰碑》，旨在引导学生在学习精读课文的基础上，拓宽阅读视野，进一步学习运用动作、语言、神态描写表现人物内心的写法。在教学时，教师可以先对描写刘伯承动作、语言、神态的语句进行讲解，让学生感受刘伯承乐观无畏的高贵品质；然后，安排学生自主阅读《丰碑》一文，让他们抓住描写军需处长动作、神态的语句，如"他浑身都落满了雪……十分安详……"，说说从"镇定""安详"等词语中体会到的人物的内心想法，从而感受革命英雄军需处长舍己为人的高尚品德。

（二）体会人物特点之美

很多学生对革命传统教育类课文的历史资料了解不多，无法全面理解课文主人公的特点，对文章主旨的把握也有欠缺之处。教师可以引导学生在课前搜索并查阅相关的历史资料，再适时将图文、影像等资料引入课堂，加深学生对革命英雄人物的理解，赋予英雄人物鲜活的时代特点。如五年级下册《清贫》这篇课文，是方志敏于1935年在狱中写下的一篇文章，形象地展现出方志敏坚定的革命信念和舍己为公的高贵品质。但学生对方志敏的生平及被捕前后的相关资料了解不多，对英雄人物存在一定的陌生感。在教学时，教师可以出示文字、图片及影视资料，让学生知道方志敏是闽浙赣革命根据地的创建人，在农民运动、土地革命时期均作出了卓越贡献，但他最终为了可爱的中国，年仅36岁就在南昌英勇就义。这些资料的补充能让学生对英雄人物产生敬佩之情。

(三)体会人物时代之美

革命英雄人物凭借着对祖国的热爱，表现出的令人难以置信的精神品质和崇高气魄，具有重要的时代意义，是当下学生应当传承和弘扬的。在教学中，教师可引导学生寻找与生命成长、社会发展关联紧密的人物实例，并充分挖掘与体会身边人物实例的时代意义、时代精神。如六年级上册《桥》这篇课文，作者通过故事情节、环境描写等刻画了一位忠于职守的优秀共产党员的高大形象。在教学时，教师可以让学生重点抓住描写暴雨、洪水等环境的语句以及描写老支书动作、语言、神态的语句进行全文阅读，并结合相关情节，体会老支书临危不乱、先人后己的高贵品质。

三、滋养文化内涵之美

让学生体会并践行革命英雄人物的精神内核是教学的重要目标，因此，教师要跳出单篇课文的局限，通过创设随文练笔、群文阅读、寻访红色文化等活动，让学生由表象走向内心、由课内走向课外，在多种形式中加深对人物高尚道德情操的审美认知和情感熏陶，感受其精神之美。

(一)理解人物精神内核

革命英雄人物的内心世界是丰富多彩的，值得读者用心体会。在教学中，教师要引导学生深入挖掘文本的"对话点"，站在革命英雄人物的角度去思考他们内心的想法，由表象走向内心，让人物形象更加鲜活生动起来，从而更深刻地理解人物的精神内核。如五年级下册《青山处处埋忠骨》这篇课文，文中并没有交待毛主席在签电报时的所思所想，只是简单写了一句"被泪水打湿的枕巾"。在教学时，教师可以抓住文本的空白点"毛主席在签电报时心里是怎么想的"，让学生联系描写毛主席接到电报时的动作、表情的语句，想象他在签电报前会做什么、说什么、想什么，引导学生走进伟人的内心，感受毛主席忍受巨大的丧子之痛作出将爱子葬于朝鲜的伟人情怀，进一步深化学生对毛主席伟人形象的理解。

(二) 丰富人物审美体验

入选统编版小学语文教科书的革命传统教育类课文有 40 余篇，但这只是我国众多革命英雄人物伟大事迹的冰山一角。教师在教完每篇课文后，可以推荐学生课外阅读关于革命英雄人物的书籍，实现由认识一个英雄到认识一群英雄，以提升对英雄人物的审美体验。如四年级下册《小英雄雨来 (节选)》这篇课文，文中雨来勇敢、宁死不屈的气质给学生留下了深刻的印象。但学生对雨来的其他故事了解不多，教师可以推荐学生继续阅读《小英雄雨来》整本书，让他们在阅读中更全面了解雨来是如何站岗放哨、捕捉敌情、传递信息的，了解雨来怎样成长为一名儿童团长，进一步感受雨来的勇敢机智。同时，教师还可以以"同龄故事"为主题，推荐学生阅读《小兵张嘎》《鸡毛信》等，让他们在群文阅读中认识张嘎、海娃等小英雄，由认识一个英雄到认识一群英雄，升华爱党爱国爱人民的情感。

(三) 内化人物精神品质

红色文化是中华民族的宝贵遗产和精神财富，是我们国家的根基和底色。在教学革命英雄人物类课文后，教师可以引导学生走出课堂，开展"寻访红色文化"的研学活动，让他们深入了解革命英雄人物的光辉事迹，从而将英雄精神真正内化于学生的生命中。如德化县不仅是陶瓷之都，还是革命红色老区。教师可以组织学生参观德化县国宝乡的戴云之战革命历史陈列馆、水口镇的中共福建省委旧址、龙浔镇的中共德化支部旧址等，让学生在研学活动中深入了解共产党人的光辉事迹，践行革命英雄人物的奋斗精神。

总之，教师在教学革命英雄人物类课文时，应遵循学生的身心特点，充分挖掘教材中的审美因子，拉近学生与革命英雄人物之间的距离，实现语言学习与精神内化的和谐统一。

第三节　革命传统教育类文体教学的误区

小学语文课程教学担负着帮助学生了解历史、认识国情，增强学生民族自信心、自尊心和自豪感，增强社会责任感，树立正确的世界观、人生观和价值观的重要任务。而革命传统教育类课文是完成这些任务的重要载体之一。然而，因为多重因素的影响，革命传统教育类课文的教学效果不尽如人意，教师的教学总是陷于各种各样的误区之中。

一、完全等同于普通课文，对其独特的魅力认识不足

教师应从语文教育方面认识到革命传统教育类课文的审美意义，从思想教育方面认识到革命传统教育类课文的思想内涵。对于革命传统教育类课文选入教材的重要性，绝大多数语文教师很清楚，但是对它们有哪些具体的功能，这些功能如何才能落到实处，并不是每位教师都能认识到位。

二、忽视历史，为上课而上课，内容空洞乏味

有些教师在教学革命传统教育类课文时，除了带着学生认识生字、生词，让学生分段后概括段落大意并分析中心思想，便没有内容可讲了。这样一来，学生无法深入理解课文的思想内涵，无法感受这类课文对自己内心的冲击。因此，这样的课堂内容既提不起学生的学习兴趣，又达不到该有的教学效果。

三、强行给学生灌输正能量，给学生的心理造成很大负担

有些教师，一碰上革命传统教育类课文就不知道该如何讲了，只好把文章的中心思想之类的东西写在黑板上，让学生抄下来，然后死记硬背。这种没有经过学生自主思考就先入为主地给学生提供"标准答案"的教法，严重扼杀了学生的探究欲望，剥夺了他们表达自己想法的权利，使得课堂失去了该有的活力。教师利用学生心智水平上判断能力差的弱点，直接向学生灌输价值意义，不但违背语文教学规律，也有损教师的教学道德。革

命传统教育类课文承担着向学生传递革命乐观主义、艰苦奋斗以及不怕牺牲的正能量的任务，但是由于其与当代小学生的生活实际相距较远，这就要求教师在教学过程中注意方式方法，不能采用填鸭式的强制性灌输，否则很容易引起学生的反感，最后适得其反。

第四节　革命传统教育类文体教学的策略

革命传统教育类文体，具有鲜明而强烈的思想性和教育性，很多教师会被文本所彰显的强烈情感震撼，容易忽视对语言文字的理解和运用，导致革命传统教育类文体的语文要素严重淡化，把语文课上成了道德法治课。那么，我们应该如何针对革命传统教育类文体的特点展开有针对性的教学呢？

一、思想性与艺术性相统一，感受人物形象美

入选统编版教科书的革命传统教育类文本，都是一些文质兼美的文章，其真实的历史背景、鲜明的人物形象、感人的故事情节，都能触发学生获得美的体验。因此，教师在教学中，要以美育人、以文化人，让学生进行审美体验和审美创造。

（一）补充典型材料，丰富人物形象

入选统编版教科书的革命传统教育类课文，只是革命伟人一生中一个小小的片段，学生根本无法全面领略伟人的光辉形象。因此，我们要充分挖掘资源，补充典型材料，丰富伟人的形象。

如二年级上册《难忘的泼水节》这篇课文，描写的是老一辈革命家周恩来和傣族人民一起过泼水节的画面，大多数学生细读课文后，能从文中感受到周恩来是一位和蔼可亲、深受人民爱戴的好总理。但单就这一篇课文的学习，学生对周恩来的人格魅力以及他为国家、为人民做出的巨大贡献等了解得还不够透彻，只是冰山一角。因此，在教学这篇课文时，在学生充分理解课文的基础上，可以适当补充有关周恩来的其他故事，如《为中华之

崛起而读书》《一夜的工作》《周总理的睡衣》《十里长街送总理》等，让学生在阅读这些故事中，感受到周恩来是一位胸怀大志、不辞劳苦、生活俭朴、深受人民爱戴的好总理。这样，学生就能对伟人有一个更加全面的认识，从而对伟人产生敬仰和向往之情。

又如三年级下册《我不能失信》这篇课文，描写的是伟大共产主义战士宋庆龄小时候诚实守信的故事，大多数学生细读课文后，能从文中感受到宋庆龄是一个说到做到、能履行自己诺言的好孩子。但单就这一篇课文的学习，学生对宋庆龄的人格魅力以及她为国家、为人民做出的巨大贡献等了解得还不够透彻，也只是冰山一角。因此，在教学这篇课文时，在学生充分把握课文内容的基础上，可以适当补充有关宋庆龄的其他故事，如《宋庆龄和园丁小安》《宋庆龄与她的秘书们》《宋庆龄与她的三个女佣》等，让学生在阅读这些故事中，感受到宋庆龄是一个不屈不挠、无私奉献、正气凛然、爱国爱民的伟大女性。这样，学生就能对宋庆龄有一个更加全面的认识，从而产生对伟人的敬仰和向往之情。

此外，统编版教科书中还有许多描写伟人平凡的故事，如《邓小平爷爷植树》《朱德的扁担》《雷锋叔叔，你在哪里》等。教学时，我们不能把他们当作普通人物来处理，而要在学生感受人物精神品质的基础上，适当拓展典型材料，让学生在群文阅读中比较全面地领略伟人的光辉形象。

（二）关注细节描写，体会人物品质

革命传统教育类文本，其故事情节大多生动感人，其人物形象也个性鲜明，是引导学生品味语言艺术、获得审美体验的好文章。

如四年级下册《小英雄雨来》这篇课文，在教学"勇斗鬼子"这一部分时，先让学生从文中找出描写雨来语言、动作的语句，并抓住"抹了一下鼻子""摇摇头""咬着牙"等词语展开想象，体会雨来所经历的痛苦和由此表现出来的坚强品质，这是对雨来的正面描写。然后，让学生再从文中找出描写鬼子语言、动作的语句，并抓住"张着嘴""抽出刀来""翻白眼""鹰的爪子""揪起""咬着牙拧""暴跳"等词语展开想象，体会敌人对雨来的残忍，这是对雨来的侧面描写。通过这样的对比，更加衬托出雨来的勇敢坚强。因此，在教学时，我们只要抓住这些语句反复品读、揣摩，就能领悟到

作者不厌其烦地对雨来进行细致描写的用心，也能体会这样写所要表达的效果，从而更好地走近人物内心世界，获得对人物形象的深层感悟。

此外，像为中华之崛起而读书的周恩来、用胸膛堵住枪口的黄继光、被医生赞叹为"军神"的刘伯承等，都是一些个性鲜明的人物。因此，教学的关键同样要引导学生借助语言文字，走进人物内心，体会人物的品质。

二、工具性与人文性相统一，欣赏言语形式美

革命传统教育类文本，不仅要让学生学习语言文字运用，还要让他们在学习过程中潜移默化地受到思想感情的熏陶。因此，教师要精准定位教学目标，引发学生积极的思维和语言运用。

（一）紧扣关键句段，落实语文要素

统编版教科书"双线组元"的方式，巧妙实现了革命文化与语用价值的有机融合。因此，教师在教学中，既要关注人文主题的渗透，又要注重语文要素的落实。

如《黄继光》这篇课文，是四年级下册第七单元的一篇精读课文，这一单元的语文要素是"从人物的语言、动作等描写中感受人物的品质。学习从多个方面写出人物的特点"。因此，教师在教学这篇课文时，先让学生初读课文，并想一想黄继光是一个什么样的人。很多学生会认为黄继光是一个英勇顽强、不怕牺牲的英雄。这时，教师引导学生再读课文，从文中找出描写黄继光语言、动作的语句，并加以体会。如"黄继光愤怒地注视着敌人的火力点，他转过身来坚定地对营参谋长说：'参谋长，请把这个任务交给我吧！'"这句话，是从语言、动作、神态描写表现黄继光的品质，从中可以体会到黄继光对敌人的憎恨和对祖国的热爱……这样的教学，学生不仅从人物的语言、动作中感受到黄继光的英勇无畏，同时也明白今天的幸福生活是千千万万个这样的黄继光用自己的生命和鲜血换来的，真正感受到黄继光的革命情怀。课后，教师可以让学生运用"从多个方面写出人物的特点"的方法，描写一个熟悉的人物。

又如《狼牙山五壮士》这篇课文，是六年级上册"革命文化"主题单元中的一篇精读课文，这一单元的语文要素是"了解文章是怎样点面结合写场面

的。尝试运用点面结合的写法记一次活动"。在教学这篇课文时，先让学生初读课文，并想一想五壮士的"壮"体现在哪里。这是从面上整体感受五壮士的"壮"。接着，引导学生将关注点聚焦在每一位五壮士的身上，从中找出具体描写每一位战士的语句。这是从点上感受五壮士的"壮"。这样的教学，基于整体、把握细节、紧扣语言描写，学生不仅从"面"上体会到狼牙山的激烈战斗，也从"点"上感受到五壮士的英勇无畏，同时也明白今天的幸福生活是千千万万个这样的壮士用自己的生命和鲜血换来的，真正感受到五壮士的革命情怀。课后，让学生运用"点面结合"的方法，写一次多彩的校内外活动，既要关注整个活动场景，也要注意同学们的表现。这样的设计，紧扣单元"语文要素"，引导学生在表达与交流中提升学科核心素养。

（二）借助音画视频，获得情感熏陶

革命传统教育类文本所记叙的人物、事件大多在七八十年前，离学生生活的时代较远，他们很难想象当时形势的严峻和战争的残酷，也难以理解革命先驱"抛头颅洒热血"的革命精神。因此，教师可以借助各种视听材料，拉近他们与文本的距离，使他们比较准确地理解和把握人物的精神品质，从而产生情感反应。

如四年级下册《黄继光》这篇课文，讲述了抗美援朝特级英雄黄继光的事迹，但故事离学生的生活实际有着较远的距离，学生在阅读时难以调动他们已有的生活经验和情感基础来帮助理解。因此，在教学时，教师先是出示黄继光舍身堵住枪口的图片和电影《黄继光》的精彩片段，让学生对文中所记叙的历史事件有一个直观的了解。接着，让学生说说从这些视频、图片中感受到了什么。大多数学生能从中感受到黄继光是一个英勇顽强、不怕牺牲的英雄，但他们的感受仍然比较空泛。于是，让学生走进课文，找出描写黄继光语言、动作的语句，让他们在边读边想象画面中，体会黄继光视死如归的英雄气概。最后，播放《我的祖国》这首歌，很多学生深受感动，唱着唱着就流下了眼泪，在思想和情感上获得进一步升华。

又如四年级下册《小英雄雨来》这篇课文，讲述了"抗日战争时期，一个叫雨来的孩子为掩护李大叔被鬼子抓住，但他凭着高超的游泳本领从鬼子的枪口下巧妙脱险"的故事。但这个故事离学生的生活实际较远，学生阅读

时难以调动他们已有的生活经验和情感基础来帮助理解。因此，在教学时，教师可以先出示课文插图和电影《小英雄雨来》的精彩片段，让学生对文中所记叙的历史事件有一个直观的了解。接着，让学生说说从这些视频、图片中感受到了什么。大多数学生能从中感受到雨来是一个机智勇敢的小英雄，但他们的感受仍然比较空泛。这时，教师可以让学生走进课文，找出描写雨来语言、动作的语句，在边读边想象画面中，体会雨来宁死不屈的英雄气概。最后，教师可以播放电影主题曲，让学生在听歌曲中受到感染，在思想和情感上获得进一步升华。

此外，我们还可以借助"学习强国"学习平台中丰富的革命传统教育资源，帮助学生消除历史陌生感，获得更加形象、丰富、具体的革命人物形象。

三、历史性与现实性相统一，理解文化内涵美

革命传统教育类文本，记叙的大都是真实的历史事件、真实的人物形象，所表现出来的革命精神，对今天的现实生活依然很有意义。因此，我们有必要深入理解革命文化的内涵之美，自觉传承和弘扬中华民族的优秀文化。

(一)把握基本价值，实现"文道统一"

阅读，是学生的个性化行为。因此教师不能以自己的解读代替学生的解读。但革命传统教育类文本的基本价值是永远不变的，绝不能因为时代的更新、社会的发展，任由学生随意解读，肆意改变统编版教科书编者的意图。

如四年级下册《小英雄雨来》这篇课文，讲述了抗日战争时期雨来勇斗鬼子的感人故事。编者把这篇课文选入统编版教科书，就是希望学生不要忘记那些为中华民族解放事业抛头颅、洒热血的革命先烈，并以此来唤醒学生的爱国情操。因此，在教学这篇课文时，教师要把重点放在描写雨来与鬼子斗智斗勇的语句上，从中找出描写雨来对敌人憎恨和对革命乐观的关键性词语，引导学生对雨来的个性和心理活动等进行揣摩与感知。然而，部分学生对当时的背景知识了解不多，可能会提出"好汉不吃眼前亏"论，

曲解了文本的价值取向。这时，教师就可以适时告诉学生：在中国近代史上，中华民族曾经遭受过帝国主义的肆意欺凌，每个有良知的中国人都不会向鬼子屈服的，都会奋起反抗的，这是一场正义的战争。如此才能将课堂教学引向正途。

又如五年级下册《军神》这篇课文，记叙刘伯承在重庆治疗受伤的眼睛时拒绝使用麻药的故事，表现了刘伯承钢铁般的意志。编者把这篇课文选入统编版教科书，就是希望学生不要忘记那些为新中国解放事业奋斗的革命者，并以此来唤醒学生的爱国情操。因此，教师在教学这篇课文时，要把重点聚焦在描写沃克医生的神态和情绪变化的语句上，从中找出描写神态的关键性词语"惊疑的神情""大声嚷道""肃然起敬"等，引导学生对沃克医生的心理活动进行揣摩与感知，从而体会刘伯承非凡的勇气和惊人的毅力。然而，部分学生对当时的背景知识了解不多，可能会提出"逞英雄"论，曲解了文本的价值取向。这时，教师可以适时告诉学生，刘伯承所要手术位置的血管、神经非常复杂，如果使用麻药可能伤及大脑神经，而刘伯承以后还要继续干革命事业，所以他才会拒绝使用麻药。此外，沃克医生对畏痛呼喊的人是十分鄙夷的，甚至冷嘲热讽，而刘伯承手术时表现出钢铁般的意志，才会令沃克医生敬佩不已。

因此，像《桥》《金色的鱼钩》《手术台就是阵地》等革命传统教育类课文的教学，教师绝不能为了追求所谓的自由发展和自主教育，无视历史的真实面貌，任由学生对文本进行肆意的解读和曲解，这些都是教学革命传统教育类文本所不提倡的。

（二）传承民族文化，落实立德树人

入选统编版教科书的革命传统教育类文本，不乏对革命的传承和弘扬。因此，我们要引导学生联系现实生活，体会革命精神在不同时期的意义，逐步培养学生的国家意识、高尚品质和公民基本道德品质等。

如四年级下册《小英雄雨来》这篇课文，学生在细读课文后，大多能从中感受到是千千万万个这样的英雄用鲜血换来了我们今天的幸福生活。然而，国际国内的黑恶势力依然存在，我们依然要面对个人利益与国家利益冲突的问题。因此，在学完这篇课文后，教师可以设计这样的问题："无数

英雄用鲜血换来了我们国家的太平安定，人民的生活稳定、物质条件的改善。那么，我们今天学这篇课文，要从雨来身上学什么？怎样才能使我们的国家走向富强呢？"在学生交流后，可以让他们说说新中国成立以来，在强国梦的激励下，涌现出哪些优秀人物为国家作出了卓越的贡献。最后，可以让学生回去查找资料，读一读为国家富强而奋斗的杰出人物故事，并和同桌一起完成一份手抄报。这样的练习，不仅让学生从中感受到革命文化内涵之美，还让教师在弘扬和传承中，落实了立德树人的根本任务。

又如六年级下册《为人民服务》这篇课文，通过悼念张思德来讲述为人民服务的道理，号召大家学习张思德完全、彻底地为人民服务的精神，团结起来，打败敌人。因此，在教学这篇课文时，我们可以引导学生说说各行各业为国家、为人民服务的优秀人物，如地质学家李四光、数学家华罗庚、杂交水稻专家袁隆平、人民的好干部焦裕禄等。在学生交流后，教师可以设计这样的问题："毛主席号召大家学习张思德为人民服务的精神，你会为人民服务吗？要怎样为人民服务？"课后，教师还可以设计这样的作业：查找资料，搜集为国家富强而奋斗的杰出人物故事，然后和同学一起完成一份手抄报。

革命传统教育类文体在统编版教科书中占据着重要的地位，因此，教师要从这一类文体的独特背景和创作意图出发，准确把握"阅读价值"，引导学生在学习语文知识、培养语文能力的同时，体会革命文化的精神和意义，真正为学生核心能力的提升奠定坚实的基础。

第五节 《冀中的地道战》教学设计

一、课文简说

《冀中的地道战》一文是统编版教科书五年级上册第二单元阅读策略单元的一篇精读课文。这篇课文通过介绍地道战产生的原因、地道的样式和结构、如何利用地道对付和防御敌人、地道里如何了解地面情况、如何联络等内容，歌颂了我国人民在对敌斗争中表现出来的顽强斗志和无穷无尽的智慧。这一单元的单元主题是"提高阅读的速度"。本篇课文的学习要求是"集中注意力，遇到不懂的词语不要停下来，不要回读"。这篇课文篇幅较长，且教材内容离学生生活较远，学生阅读起来较为困难。但五年级学生有了一定的阅读基础，掌握了一定的阅读策略，教学过程中应综合运用前面所学过的阅读策略，准确、快速地理解课文内容，把握文章的主旨。

二、教学目标

(1)用较快速度默读课文，记下所用的时间。
(2)初步了解地道战产生的原因、地道结构以及如何利用其作战的。
(3)体会作者是如何把地道的样子说清楚的。

三、教学过程

(一)导入新课

过渡：抗日战争时期，在河北保定有一种作战方式有力地打击了日本侵略者，那就是地道战。周而复先生曾到过冀中，专门对当时的地道进行考察，写下了一篇文章——《冀中的地道战》。今天，我们就一起借助这篇文章来了解一下地道战。(板书课题：冀中的地道战)

【设计意图：通过创设情境导入新课，激发学生学习的兴趣。】

(二)带着问题，快速读文

1. 提问

看到这个题目，你有哪些疑问呢？
预设：
(1)冀中在哪儿？
(2)地道是什么样的？
(3)地道里怎么作战？
(4)为什么会有地道战？

2. 解答部分问题

师：有的同学不理解"冀中"是什么意思。（出示地图）这里是河北，河北简称"冀"。谁能看着地图，解释一下"冀中"的意思？（预设："冀中"就是河北省的中部。)

师：那里是一望无际的大平原，河流纵横，物产丰富，是兵家必争之地。地道战的故事就发生在河北一带。

3. 梳理学生提出的问题

师：大家提出的问题，主要是围绕哪几方面？
学生梳理后呈现：
(1)为什么会有地道战？（原因）
(2)地道是什么样的？（样子）
(3)地道里怎么作战？（作战）
(4)地道战的意义是什么？（意义）

4. 自主记时阅读

过渡：今天，我们就带着问题读书。（板书：带着问题读）看看是不是会对文章有更加深入的理解。
(1)提出要求：请大家带着自己提出的问题默读课文，看看是否能够解决问题。注意，除了带着问题阅读，别忘了用上阅读方法。
出示阅读方法(PPT 出示：集中注意力，遇到不懂的词语不要停下来，不要回读)。
(2)学生默读课文，记录时间。
(3)课堂交流，检测快速阅读效果。
【设计意图：本单元的语文要素是"提高阅读的速度"，这一环节主要是引导学生运用"集中注意力，遇到不懂的词语不要停下来，不要回读"的阅读方法来提高阅读速度。】

(三)细读课文,深入阅读

1.学习第7自然段

过渡:刚才我们针对课文的题目进行了提问,并带着问题读文,快速了解了这篇文章讲了什么内容。其实,我们运用带着问题读书的方法,不但能读得快,还能读得更深入,了解更多的信息。比如这一段中的这句话——(出示:人在地道里怎么能了解地面上的情况呢?)

提问:这句话在哪一个自然段?(第7自然段)这句话是一个很关键的句子。看到这句话,我们就知道这段写什么呢?

预设:人们怎么了解地面上的情况?

跟进:带着这个问题读第7自然段,看看能不能解决这个问题。

2.学习第3自然段

过渡:刚才我们怎么学这一段?(生总结)我们带着问题快速读文,找到了答案,加深了理解。但是我们刚才是带着作者的问题读的,阅读中我们看看能不能提出自己的问题呢。(板书:提问)

出示:说起地道战,简直是个奇迹。

跟进:看到这句话,我们会提出一个什么问题呢?

预设:为什么说地道战是个奇迹?

要求:快速阅读第3自然段,看看你们能说出哪些理由说明它是一个奇迹。

预设:数量多、样式多、斗争方式奇特、作用奇。

总结:刚才我们带着问题读这段话的时候,获得了很多新的信息。而且带着问题读,我们读得很快,还解决了我们提出的问题。看来带着问题读,真的很有效果。

3.迁移学习第6自然段

(1)要求:用"带着问题读"的方法自学第6自然段。

(2)交流阅读方法。

提问：你们是带着什么问题读的？

预设：地道是怎么防御敌人破坏的？

追问：你们是看到哪句话产生这个问题的？

预设：敌人尝到了地道的厉害，想方设法来破坏，什么火攻啊，水攻啊，毒气攻啊，都用遍了。

（3）交流阅读成果：问题解决了吗？

预设：火攻——土和沙；毒气攻——吊板；水攻——枯井暗沟

4. 自学第 4 自然段

过渡：大家对于带着问题读课文这个方法越来越熟练了。但大家发现了吗？我们刚才提的问题都是从内容方面提出的，还可以从哪些角度进行提问？

预设：还可以针对写法、启示提问。

（出示第 4 自然段，引导提问。）

预设："地道有四尺多高"等。

讨论：作者为什么要用列数字的方法？这些数字有什么特点？

总结：这些数字并不是很准确的，只是一个大概。地道不计其数，各不相同。用模糊的数字说明实际更多。

追问：作者还用了什么方法呢？

预设：举例子。如"就拿任丘的来说吧"，更容易说清楚。又如"个儿高的人弯着腰可以通过"，更形象，更具体，可感可知。又如"有的老太太把纺车也搬进来，还嗡嗡嗡地纺线呢"，说明既不闷也不暗。

引导表达：作者为了说明地道里光线好，还举了老太太纺线的例子。这篇文章年代很久了，如果是现代的不同听众，该举什么例子？比如教师带领二、三年级的小同学去参观，他们不知道纺线是什么呀！如果让你写，你举什么例子？

预设：

有的小孩还把书本带到地道里认真写字呢！

有的小孩还把石子带到地道里玩抓石子游戏呢！

【设计意图：在这一环节中，让学生带着问题学习第 7 自然段和第 3 自

然段，然后让学生迁移学习第 6 自然段，并最终运用方法自学第 4 自然段，真正达到"学以致用"的目的。】

（四）总结学法，课堂小结

结语：同学们，这节课我们带着问题快速阅读课文，弄清了地道战产生的原因、地道的样子以及人们在地道里怎么防备敌人进攻、怎么联系的。那么，地道战取得胜利的关键是什么？地道战取得成功带给我们什么启示呢？你们在课后可以通过查找资料寻找答案，有机会可以亲自到地道战遗址走一走，看一看，真切感受冀中平原人民的勇敢和智慧。

【设计意图：语文教学中教学方法的整合其目的之一就是让学生学会求知，培养学生终身学习的能力。因此，在这一环节教学中，让学生总结学法，并带着问题走出课堂，感受地道战的魅力。】

第八章

绘本故事类文体价值的教学探索

第一节　绘本故事类文本选择的策略

学生翻阅一本本幽默诙谐、耐人寻味的绘本时，如同飞翔在一个个神奇梦幻的空间，享受阅读带来的快乐。作为一名语文教师，怎样利用绘本打开学生的阅读之门呢？

美国教育心理学家杰罗姆·布鲁纳说过："一开始，教师得先为儿童读故事，慢慢地，用比较戏剧化的方式，来呈现整个作品。"因此，在儿童还没有能力完全自我阅读之时，教师可以采用多种形式帮助儿童选择故事、了解故事，让他们逐渐成为一位真正的读者，感受阅读的快乐。

一、精心烹调"绘本套餐"

(一)"开学绘本餐"，让学生快乐启航

大家都知道，早餐一定要有营养。而开学送给孩子的第一本绘本也似早餐，一定要选择经典、励志、营养特别丰富的绘本。因此，每逢开学之际，我们可以向学生们推荐像《好饿的毛毛虫》(【美】艾瑞·卡尔)这样的"开学绘本餐"，书中那条红脑壳、绿身子、高高弓起来走路的毛毛虫，曾经赢得了全世界无数孩子的心。而且，这是一个励志色彩浓厚的绘本故事，

充满诗意和音乐感，可以让孩子们在阅读中获得快乐。

(二)"爱心绘本餐"，让学生感受温暖

刚进入小学一年级的孩子，脸上总会流露出害怕、紧张等缺乏安全感的神情。那么，这个时候，我们可以给孩子们读《逃家小兔》(【美】玛格丽特·怀兹·布朗)这样的绘本故事，书中的兔妈妈用她那深沉而宽广的母爱一次次感动了小兔，这是一个充满爱的故事，可以让学生们从故事中获得安全感，感受到班级的温暖。

(三)"信任绘本餐"，让学生认识学校

刚进入一个陌生环境，即使是成人也会有恐惧，更不用说刚入学的一年级孩子了。他们觉得学校像个迷宫，对刚认识的老师、伙伴，也缺乏信任感。这时，我们可以给孩子们读绘本《小阿力的大学校》(【英】罗伦斯·安荷特)，因为这些问题也困扰着故事中的"小阿力"。像这样的绘本故事能让孩子们更好地接受学校生活。

(四)"友谊绘本餐"，让学生学会交往

今天的孩子大多数是独生子女，习惯以自我为中心，不愿意与人交往。他们相互熟悉之后，又常因各种原因发生争吵。这时，我们可以给他们读绘本《大熊有一个小麻烦》(【奥】海兹·雅尼什)，让他们知道在生活、学习中要学会倾听与包容，才能架起与同学、老师沟通的桥梁。像这样的"友谊"绘本故事，是送给孩子们学会交往的好礼物，可以让他们的世界充满艳丽的阳光。

二、走心挑选绘本读物

绘本是一种集图画性、文学性、艺术性为一体，极富情趣、极富灵性又极富哲理的读物。可以说，一本绘本就是一个鲜活的世界，不仅儿童，甚至成人，都会爱上它。因此，选择的绘本必须文学性强、艺术性强，这样才能对学生产生较大的冲击力，让其爱不释手，由此生发出与人交流的强烈欲望，从而培养表达能力。

(一) 选择情趣性强的绘本

如徐萃、姬焰华夫妇所著、绘的《天啊！错啦!》，这是一本趣味横生、值得品味的中国原创经典之作。讲述了一只兔子捡到一条红裤衩，把它当成帽子戴在头上。一路上，他遇到了很多小动物，大家都一一试戴这顶"帽子"，尽管大小松紧不是很合适，可小动物们都觉得自己戴着很漂亮、很酷。最后遇到驴子，驴子指出，那不是帽子，是裤衩，并用杂志上的图片来证明。小兔子只得把"帽子"穿回到屁股上。这一来，他不知道尾巴该往哪儿放了。这时，小动物们看到兔子把"帽子"穿在屁股上，都纷纷大叫"错了"！故事结尾，小兔子听从自己内心的声音，又把裤衩戴回到头上。这个绘本故事中的文字与画面幽默、诙谐，富有喜剧色彩，是一本让学生笑声不断，能感受图文魅力的绘本。

(二) 选择情感性强的绘本

如美国玛格丽特·怀兹·布朗所著、克雷门·赫德所绘的《逃家小兔》，这是一个充满爱的故事，作者用简洁精练的语言和优美温馨的画面向读者展现了兔妈妈用她那深沉而宽广的母爱一次次感动了小兔，感人至深。这样的绘本故事，让学生一看就会心动，并吸引着他们走进去，化身为其中的一员，站在小兔的立场来感受场景、深入体会、共情表达。

(三) 选择生活性强的绘本

如英国罗伦斯·安荷特所著、凯瑟琳·安荷特所绘的《小阿力的大学校》，书中的小阿力要上学了，好兴奋，可他又有一点点儿担心：万一在学校迷了路？万一交不到新朋友？这些问题困扰着"小阿力"，也是许多小朋友在上学的第一天时会碰到的状况，因为今天的孩子大多是独生子女，习惯以自我为中心，不愿意与人交往。因此，他们即使彼此熟悉了，也会常常因为各种原因争吵不停。这样的绘本故事必将给孩子们带来更多的信任，让他们更好地认识学校。此外，我们还可以让学生读读奥地利海兹·雅尼什所著、西尔珂·萝芙妮所绘的《大熊有一个小麻烦》，让他们知道在生活、学习中要学会倾听与包容，才能和同学、老师架起一座沟通的桥梁。

(四)选择想象性强的绘本

如日本中川李枝子所著、山胁百合子所绘的《古利和古拉》，书中描述了古利和古拉用鸡蛋做成金黄色的大蛋糕后，森林里的小动物们闻到香味都来吃了，最后只剩下净光光的大锅和大鸡蛋的空壳。那么，古利和古拉会用蛋壳做什么呢？作者并没有马上揭晓答案，读者必须通过翻页，才能明白作者的想法。这时，我们可以让学生发挥想象：古利和古拉会用空蛋壳做成的物品干什么，发生什么有趣的事？这样的绘本故事，想象性丰富，可以激发学生的想象欲望。

总之，"绘本阅读"是高雅、高尚、高贵的，能为孩子们打开一扇通往阅读天堂的大门，引领他们在精彩的绘本中感受阅读的快乐。

第二节　绘本故事类文体教学的误区

绘本是以图画和文字结合讲述故事的一种童书，幽默诙谐，耐人寻味，能让孩子们飞翔在一个个神奇梦幻般的空间里享受不同以往的快乐，符合低年级学生的阅读心理。许多学校、教师把绘本阅读当作一门课程引进课堂，这样的做法是好的。然而，纵观当前的绘本教学，存在一些教学误区，值得思考。主要体现在三个方面：

一、只读文字，不读图画

我们经常发现，很多教师在上课时，不是自己讲故事，就是让学生一页页读文字，从中了解故事的内容，而没有留足时间让学生仔细观察画面内容、图和图之间的关联、图画的细节和整体关联等。要知道，绘本是由一张张图画推动故事情节发展的，是以图片的逻辑性作为故事生成的主要手段的。而且，儿童天生就是色彩和图画的主人，他们对视觉形象更为敏感，图画是他们观察和认知事物的基本手段。因此，绘本教学不仅要读文字，更要读图画。

二、只重说话，不重想象

很多教师在上绘本阅读课时，总是利用课件逐张出示故事内容，并适时提问，让学生观察图画，把绘本阅读课上成了看图说话课，学生只是被老师牵着鼻子观察、回答问题，思维和想象力受到了限制，根本无法感受到绘本阅读带来的乐趣。要知道，绘本画面精美，形象生动，充满童趣。而且，儿童有爱幻想的天性，他们会对画面产生各种各样的奇思妙想。因此，我们要创设情境，制造悬念，放飞他们的想象力。

三、只求内容，不求语言

有些教师在绘本教学中，只是关注故事的情节内容，而忽视绘本语言的艺术。教师往往都是以提问的形式贯穿课堂始终，一个接一个地提出问题，使得学生在课堂上只能疲于应付，从而剥夺了学生自主阅读的权利，让原本生动活泼的绘本教学变得索然无味。要知道，绘本语言简洁明了，是学生习得语言的范例。因此，我们不仅要引导学生关注内容，更要让学生习得语言。

第三节　绘本故事类文体教学的策略

《义务教育语文课程标准（2022 年版）》在"课程性质"中明确指出："语文课程致力于全体学生核心素养的形成与发展，为学生学好其他课程打下基础；为学生形成正确的世界观、人生观、价值观，形成良好个性和健全人格打下基础；为培养学生求真创新的精神、实践能力和合作交流能力，促进德智体美劳全面发展及学生的终身发展打下基础。"由此可见，绘本阅读是培养学生阅读兴趣、提高阅读能力、促进思维发展的重要媒介，也是提升学生语文素养的重要途径。

一、依托绘本，激发阅读兴趣

绘本的价值，越来越受到广大学者、教师、家长的认可，是最适合低年级儿童阅读的优秀读物。因此，语文教师要借助绘本阅读，提升学生的语文素养，让他们在成长道路上绽放出更加迷人的光彩。

(一)借助封面，点燃阅读愿望

任何一本书，最先引起读者注意的往往都是封面。因此，我们可以利用精美的绘本封面让学生对故事进行猜测，激发他们的阅读兴趣。如绘本故事《大脚丫跳芭蕾》(【美】埃米·扬)的封面上画着一位美丽的大脚芭蕾舞演员，这时，我们可以引导学生仔细观察封面，看看这位芭蕾舞演员和平时看到的有什么不同，猜猜她在舞蹈生涯中可能遇到了什么困难。在师生交流中，自然而然地引出故事的题目，吸引学生迫不及待地阅读故事。

因此，和学生一起阅读绘本故事时，教师不要急于阅读书中的内容，可以先和学生交流故事的封面，弄清封面的意思，激发他们主动阅读的兴趣。

(二)巧用插图，培养观察能力

观察力是一种特殊形式的感知能力，是学生认识事物、获取信息的重要途径，是开启心智、发展个性的基础，是学生自主学习、善于学习的必备能力。然而，低年级学生的观察力又存在不细致、不稳定、难持久等问题。这些问题教师应该在绘本教学时给予解决。绘本是通过图画与文字两种媒介结合讲述故事的，绘本中的图画都是插画家精心绘制的，以特有的手法表现出故事的情感基调、时间的转换、心境的变化、情节的发展等。可以说，图画是绘本的生命，而不是文字的附庸，一本优秀的绘本，可以让一个不识字的孩子仅看图画也能"读"出故事的内容。因此，教师在指导学生阅读绘本时，千万不要急着翻阅书本，而要引导孩子们仔仔细细地观察图画，让他们在看图中读懂故事、发现细节、读出感受。如指导阅读绘本《7只老鼠去上学》(【日】山下明生)时，可以这样引导学生关注图画，读懂图画所要表达的意思：首先，利用课件出示绘本的封面，让学生仔细观察画面，说说自己看到了什么。有的学生可能会说："看到7只小老鼠和1只鼠妈妈。"有的学生可能会说："每只小老鼠头上都戴着一顶相同的帽子。"有的学生可能会说："每只小老鼠都抓住前面一只老鼠的尾巴，看起来非常害怕。"还有的学生可能会说："每只小老鼠穿的衣服都不一样……"还有的学生可能发现每只小老鼠身上都背着一个小书包，猜出他们可能是去上学的。这时，教师要充分肯定学生们的观察能力，这样孩子们的阅读热情就会更加高涨。借着这股热情，教师出示课题，并引导学生走进正文。可以说，学生对画面和细节的把控能力完全超出了教师的想象，教师只要稍加引导，便能激发他们的无限潜能。

(三)鼓励猜想，调动参与热情

一部优秀的绘本不仅能让孩子们读懂一个故事，还能提升他们的观察力、想象力。因此，在指导绘本阅读时，教师可以选择一些情节动人、想象丰富、色彩明丽的图画让孩子们仔细观赏，然后引导他们想象故事情节，让他们在猜想故事中真正感受到画面所流露的情感、所表达的内涵，培养他们的想象力。如指导阅读绘本故事《出走的绒布熊》(【德】恩德)时，教师可以让学生在故事的精彩情节处进行猜想："小顽童在路上还会遇到哪些小动物？他们会怎么说？它真的不知道自己为什么活着吗？"通过这样的猜想，可以让学生体会到阅读的乐趣。

此外，教师还可以在班级里举行"绘本故事分享会"，让学生站到讲台前给大家讲自己喜欢的绘本故事，充分调动他们阅读故事的热情。

二、借助绘本，培养思维能力

(一)观察图画，读懂故事

绘本是通过图画与文字两种媒介讲述故事的载体。一本优秀的绘本故事，可以让一个不识字的孩子仅看图画就"读"出故事的内容。如指导阅读绘本《逃家小兔》(【美】玛格丽特·怀兹·布朗)时，可以这样引导孩子关注图画，指导孩子读懂图画所要表达的母爱：首先，出示第一幅图画，让孩子们仔细看图，并想一想兔妈妈为什么要用红萝卜来钓小兔子。思考片刻后，引导学生小组交流，让他们在交流中明白兔妈妈最了解小兔的生活习性。接着，出示第二幅图画，让孩子们认真观察，并想一想兔妈妈为了找到小兔子，面对危险的高山，可能做好了哪些充分的准备。等孩子们想好后，再让他们交流想法，从而让他们在想象中体会到母爱脚下无艰险，母爱可以一直延续到天涯海角……

(二)图文结合，碰撞思维

绘本故事图文并茂，能让学生在爱与被爱的故事中与各种主题进行精神碰撞、领悟人生道理。如学生之间经常会因为抢夺玩具发生不愉快的事情，这时，我们可以引导学生阅读绘本故事《苏菲生气了》(【美】莫里·邦)。这个故事讲述了苏菲与姐姐争抢玩具无果，气得离家出走，最后又心平气和地回家。在阅读过程中，学生就会不由自主地联想起自己与其他同学吵架或者类似你争我夺的情况，学着故事中苏菲的样子舒展眉心，放松心情，与苏菲产生情感共鸣。最后，教师还可以让学生回忆苏菲的做法，随机再读有关画面；也可以结合自己的生活经验提炼方法；还可以进行"如果再发生这样令你不愉快的事，你会如何处理"的讨论，让他们领悟到同学之间应如何处理问题，调节不良情绪，愉悦地走进绘本的心灵花园。

(三)巧提问题，激发想象

问题是开启任何一门学科的钥匙。语文教学提出恰切的问题，能促进学生主动地进行探究性学习，激发他们的想象力和创造潜能，促进他们语文素养的发展。教师要善于创设有效的问题情景，去激发学生的智慧。可以说，每一本绘本从头到尾都隐藏着"神秘"，绘本的故事与图画很容易引发学生幻想的天性。因此，在指导绘本阅读时，教师可以选择一些情节动人、想象丰富、色彩明丽的图画引导学生们仔细观赏，然后引导他们参与到想象故事情节的过程中来，让他们在猜想故事中真正感受到画面所流露的情感、所表达的内涵，从而丰富他们的想象力。如教学绘本《逃家小兔》时，教师在备课时发现整个故事都是用简单同一的句式"如果你变成……我就变成……"将故事串讲起来的，故事情节曲折动人，充满想象。因此，在教学时，教师可以利用绘本中一次次的情节变化，让学生们化身为其中的角色进行想象："如果你是小兔，你想变成什么，让兔妈妈找不到呢?"有的可能说想变成小鱼，有的可能说想变成小鸟，有的可能说想变成小树……学生的答案五花八门。接着，教师可以继续引导孩子们想象："如果你是兔妈妈，你又会变成什么，让小兔回家呢?"问题一抛出，学生们便饶有兴趣地加以猜测，有的可能说变成善良的养鱼人，有的可能说变成指路的白云，有的可能说变成一行长长的绿草……孩子们在想象中不断推进故事情节的发展。最后，学生们都从这个故事中感受到兔妈妈对小兔浓浓的母爱。当然，在不断的猜测与验证中，他们也感受到了阅读绘本的快乐，思维能力和想象能力都得到了提升。

（四）身临其境，融为一体

绘本故事中的人物形象，无论是调皮捣蛋的孩子，还是活泼可爱的小动物，都贴近学生的生活，符合他们的心理特点。因此，在绘本阅读过程中，他们很容易与故事主人公融为一体，一起欢笑，一起悲伤。如绘本故事《爷爷变成了幽灵》（【丹麦】金·弗珀兹·艾克松），这个故事以孩子的视角讲述了一个叫艾斯本的小男孩的爷爷因为心脏病发作死在路上，让他想起了好多事情：爷爷带他去游乐场、看赛车、看电影、钓鱼……学生在阅读故事时，就会情不自禁地跟随艾斯本去想象愉快的往事，去思考亲人离开、生命结束这些必然要面对的问题，并懂得珍惜与老人在一起的美好时光。通过这样的阅读，孝敬老人、关心老人、照顾老人的美好情感就会在学生心中生根发芽。

（五）联系生活，渗透教育

绘本作为一种儿童读物，在讲述一个个有趣的故事时，也一定会在故事中给孩子们以情感教育。如现在的孩子都很挑食，不管家长和老师如何教育，总会留下一大堆剩菜剩饭。这时，教师可以引导学生阅读绘本故事《我绝对绝对不吃番茄》（【英】罗伦·乔尔德）。故事讲述了萝拉是一个超级挑食大王，她不喜欢吃很多东西，一次哥哥查理和她一起吃饭时，向她介绍这些平常的东西其实不简单，告诉她炸鱼块是海底超市里的美人鱼时常吃的小食品、胡萝卜是木星上的橘树枝、小番茄是喷水月光……萝拉听后，竟指着自己最不爱吃的番茄说要吃喷水月光。因此，教师可以让学生说说：萝拉为什么挑食？后来为什么改变了？自己是不是也有这样的毛病？以后要怎么做？通过这样的阅读，学生不仅认识了一个比他们还挑食的萝拉，还在不知不觉中爱上各种各样的食物。

三、巧用绘本，提高写话能力

绘本故事处处包含着"写"的元素，如文字的排列、文本留白、节奏变化等都值得细细品味。因此，教师在指导学生阅读绘本故事时，如果能充分挖掘"写"的元素，让学生读写结合，不仅能丰富绘本故事，还能提高学生的写话能力。

(一)抓文字特色处，仿写句子

对于刚入学不久的学生来说，最难的事情就是写话了。那么，如何让他们易学乐写呢？仿写，无疑是最便捷的方式。绘本故事的文字不仅简练，还富有特色，因此，一些重复或有规律的句子是学生进行仿写的好素材。如绘本故事《小老鼠和大老虎》(【日】庆子·凯萨兹)中有这样一个句子："每次玩'西部牛仔'的游戏，大老虎总是当好人，我总是当坏人。"教学时，教师可以提取句中的关键词"每次""总是"鼓励学生结合学校、家庭生活进行仿写。有的学生这样写道："每次玩老鹰抓小鸡的游戏时，妈妈总是当母鸡，爸爸总是当老鹰，我只能当一只躲在母鸡后面的小鸡。"有的学生这样写道："每次上课前，老师总是给我们讲故事，同学们总是听得特别认真。"这样的仿写，不仅降低了学生写作的难度，还能让他们学会迁移运用。

此外，绘本的语言形象、简洁、重复，教师在指导绘本导读时，可以采用多种方式让学生品读语言、运用语言，如听教师有感情朗读、学生反复品读、看图讲故事、想象模仿故事情节、交流汇报等，让学生感受语言的魅力。而听教师有感情朗读和想象模仿故事情节是导读绘本的重要方式，可以让学生在读中积累、在读中表达、在读中领悟语言表达的形式。如指导绘本《猜猜我有多爱你》(【爱尔兰】山姆·麦克布雷尼)导读时，可以先示范朗读小兔子对大兔子说的话："猜猜我有多爱你。"……然后指导看图，师生一起读读大兔子的话："我爱你有这么多。"……接着，让学生读读小兔子说的话："我的手举得有多高我就有多爱你。"这时，教师顺势朗读大兔子说的话："我的手举得有多高我就有多爱你。"这样的导读，让学生在听读、共读、自读中感受语言，积累语言。当然，光是这样的导读还是不到位的，教师可以在读完整个故事后，引导学生说说自己对妈妈的爱。这时，学生便会模仿绘本中的句式表达对妈妈的爱："我爱你像大山那么高!""我爱你从海这边到海那边!"……

(二)抓图片空白处，放飞想象

绘本故事中的图画大多是跳跃的、无限的，因此，当教师带领学生走进故事中时，经常会发现故事中简洁的文字根本无法表达其丰富的语意，还留有许多空白处。这时，教师可以抓住这些空白处，让学生尽情想象。如绘本故事《逃家小兔》中的"小兔子变成山上的石头"这一幅图画没有一个文字，在教学时，教师可以引导学生仔细读图，想一想兔妈妈可能会怎么做，怎么想。让学生试着给画面补白。在交流时，有的学生这样写道："兔妈妈急急忙忙赶路，一不小心，被一块小石头绊倒了，膝盖被坚硬的石头划破了，鲜血直流，脚上也磨出了几个鲜红的血泡。可兔妈妈心想：'兔宝宝要是遇到危险，怎么办呢?'于是，兔妈妈又咬咬牙，不顾疼痛，继续往山顶爬去……"通过这样的写话，一个全心爱着孩子的兔妈妈形象展现在师生眼前，也给图画配上了丰富的文字。

(三)抓文本空白处，续编故事

绘本故事短小精悍，读完之后总让人觉得意犹未尽，浮想联翩。因此，教师可以利用文本空白处引导学生续编故事，这样，不仅可以激发学生的语言表达的兴趣，还能提高其语言运用能力。如绘本故事《鸭子农夫》(【英】马丁·韦德尔)中，当鸡、牛、羊聚集在一起商量如何帮助鸭子时，牛说："哞哞!"羊说："咩咩!"鸡说："咕咕!"至于牛、羊、鸡说些什么，他们当时的表情、动作又是如何，均没有提到，只有简简单单的几个字。因此，教师可以让学生想象当时动物们激烈的讨论场面，让他们在广阔的创作空间里自由发挥。在交流时，有的学生说："牛生气地说：'农夫真是太可恶了，就知道让鸭子干活，而自己整天睡大觉。'羊摸摸胡子，点点头说：'是啊，我们要帮帮他。'母鸡拍拍翅膀，接着说：'好，我们一起想个办法帮助他吧!'"通过想象，学生像小鸟一样展翅高飞，飞进了辽阔的习作殿堂。

(四) 抓语言反复处,仿写故事

语文是实践性很强的课程。教师应该让学生更多地、直接地接触语文材料,在大量的语文实践中掌握运用语文的规律,发展语言表达能力。低年级学生在语言表达上往往是简单不具体、模糊不生动、杂乱欠有序的。绘本的语言形象、简洁,有的文字描述细腻,有的粗放简洁,有的平铺直叙,有的层层铺排,而且很多言语表达形式会在一本绘本中反复出现,读起来朗朗上口,学生很容易从中获得语言的形式。因此,教师在指导绘本阅读时,可根据绘本故事,引导学生借助言语形式,先进行模仿表达,再进行有创意的表达。学生可以先听老师有感情地朗读,接着反复品读,然后看图讲故事,最后想象模仿故事情节进行有创意的表达。如叶夫格尼·M.拉乔夫绘著的《手套》绘本,故事中的许多小节是写不同的小动物先做出不同的动作,再问手套里住着谁。每一次回答都把里面所有的小动物写进去,语言活泼又带着淘气。在教学这一绘本时,教师先是带着学生一起看图学习青蛙、兔子等小动物是怎么问话的,又是怎么回答的,然后从中提炼出这样的表达范式:_____(小动物)_____(怎么样)过来,问:“里面住着什么人?”“我们是_____(什么样)的_____(小动物)……是谁在叫门?”“我是_____(什么样)的_____(小动物)。让我住进去行不行?”这样,让学生根据图画试着创编故事情节,然后有感情地朗读故事情节。最后,又让学生用这样的范式创作新的故事情节。可以说,在朗读与创编中,学生不仅丰富了语汇,而且轻松地掌握了语言表达形式。因此,在绘本教学中,教师要有意识地让学生积累语言,他们便能在绘本语言的长期熏陶之下,学会更好地表达。

总之,教师要本着大语文观,引导学生进行多方位的学习和感受,才能彰显绘本的魅力,让学生体验到阅读的乐趣。

第四节 绘本故事类文体写作的策略

《义务教育语文课程标准(2022年版)》在“课程目标”中明确指出:“核

心素养是学生通过课程学习逐步形成的正确价值观、必备品格和关键能力，是课程育人价值的集中体现。义务教育语文课程培养的核心素养，是学生在积极的语文实践活动中积累、建构并在真实的语言运用情境中表现出来的，是文化自信和语言运用、思维能力、审美创造的综合体现。"而绘本是低年级学生增强语感、积累语言的最好范本，不仅表现在儿童阅读上，还表现在儿童写作上。

　　绘本展现给学生的是经过拆解的图画和文字，可以调动其多种感官，但教师不能仅将绘本作为引导低年级学生看图说话、写话的底本，要善于根据绘本特性提升学生的素养。因此，教师要从培育核心素养高度多层次挖掘绘本价值，让学生的习作表达更加完美。

一、在理清脉络处进行绘本素描

　　大多数绘本以图画为主、文字为辅，故事性和情节感强，内容贴近学生的心理和经历。我们完全可以直接将这类绘本作为写作素材，引导学生就绘本内容进行具体的、丰富的描述，从而理清故事脉络。

　　如绘本《逃家小兔》，以"小兔要离家出走——要变成溪里的小鳟鱼——要变成高山上的大石头——要变成小花——要变成小鸟——要变成小帆船——要变成马戏团里的空中飞人——要变成小男孩跑回家"的顺序，呈现了小兔想离家出走的心路历程。在这丰富生动的画面中，我们还能看到一只深深爱着它的兔妈妈："要追小兔——要变成捕鱼的人——要变成爬山的人——要变成园丁——要变成树——要变成风——要变成走钢索的人——要变成妈妈抱住他"。在教学时，教师先是引导学生边看绘本边循着情节脉络，口头讲述故事内容；接着，让学生复述小兔想离家出走的故事情节；最后，让学生用自己的语言把故事写下来。

二、在语言反复处进行绘本模仿

　　大多数儿童喜欢语言反复的故事，在反复的语言里，他们能获得心理安全感，可以轻松地预见下一句会怎么说。因此，在"学着说"中，学生言说的胆子会越来越大，言说的能力也会越来越强，并最终内化为自身的语言表达能力。

如正道熏的绘本作品《我家是动物园》，就是一个语言反复的绘本故事。在教学时，教师通过讲述、猜读、看画面读等方式，和学生共读整本书，故事中的反复语言图式自然了然于胸。于是，选取狗、海豚、刺猬这几张动物图片，让学生找出这些动物的特点，然后让他们说说这些动物像家里的哪个人，理由是什么，并试着用绘本中的句式说一说。在汇报交流时，有的学生说："这是我妈妈，张琳女士。其实呢……她是一条狗。她的鼻子特别灵，总是说我和爸爸身上臭死了，催着我们去洗澡。"有的学生说："这是我妹妹，李素娟。其实呢……她是一只刺猬。只要我一碰她，她就竖起尖刺，她可不好惹。"还有的学生说："这是我爸爸，陈文森先生。其实呢……他是一只海豚。如果我遇到什么不会做的题目，一问他，他马上就能做出来。"随后，教师又提出一个更高的挑战任务：如果我们自己要来编一本《我家是植物园》的故事书，你家里的人分别是哪种植物？理由是什么？学着《我家是动物园》，创编一本自己的故事书。很快，学生充满想象力的表达迸发而出，把我们带进一个鲜花盛开、草木苍绿的植物园里。

三、在文本留白处进行绘本再构

有的绘本，或在中间留空白，或在结尾留空白，给读者留下许多想象空间或变化余地。这时，我们可以引导学生根据自己的生活经历和体验，以及绘本主题，进行合理再构。

如马丁·韦德尔的绘本作品《鸭子农夫》，故事中的鸭子受尽农夫的欺凌，累得崩溃时，牛、羊、鸡聚在一起商量帮助鸭子，但他们只是"哞哞""咩咩""咕咕"说着。然后，就这么定了！什么事就这么定了？牛、羊和鸡都说了什么？不得而知。这时，我们可以让学生展开想象：这三只小动物会说什么？他们说话时有什么动作？神态又是怎样的？试着将想象到的画面描述出来。在汇报交流时，有的学生这样写道："牛跺着脚说：'农夫这么可恶，把我们的好朋友鸭子欺负成这样子。今晚我们就去好好教训他一顿！'"有的学生这样写道："羊气愤地说：'牛哥，你用角顶住农夫，我用蹄子狠狠踢他。'"也有的学生这样写道："鸡伸长脖子说：'我用嘴啄他。'"学生通过想象，不但把这三种动物的表现有声有色地展现出来，而且准确地把握了作品的情绪和主旨，把自己和听众带向故事更深处。

四、在图像"失语"处进行绘本生发

不少优秀绘本，在图文结合讲述故事的过程中，会出现只有图画没有文字的页面。这并不是作者"无话可说"，而是"此中有真意，欲辨已忘言"的一种艺术表现。因此，教师可以在绘本的"失语"处，引导学生就此"话题"谈开，自由发挥、畅所欲言，让学生的思维和言语表达能力得以锻炼。

如乔恩·克拉森的绘本作品《这不是我的帽子》，讲述了一条小鱼趁大鱼在睡觉时，偷走了他的帽子，当他逃到一个水草长得又大又高又密的地方，以为没有人会找到他时，结果大鱼尾随着追进了水草……最后，大鱼戴着帽子游出了水草。故事中并没有写大鱼是怎么夺回帽子的，小鱼到哪里去了，那片水草里到底发生了什么事。这时，教师可以引导学生去观察、思考、理解、判断：在这片"又大又高又密"的水草丛里发生了什么事？在汇报交流时，有的学生说："大鱼把小鱼吃了，夺回了帽子。"有的学生说："小鱼看见大鱼追上来，就把帽子扔了，赶紧逃走了，大鱼捡回帽子，也就不追小鱼了。"有的学生说："大鱼追上了小鱼，批评他不该偷帽子，打了小鱼一顿，拿着帽子走了……"

当然，绘本写话点还有很多，教师要找到学生感兴趣的细小切入点，让他们主动亲近，自然书写。因此，在绘本教学时，教师要依据绘本特性多设计适时、适度的练笔，在培养学生习作能力的同时提升学生的语文素养，进而促进其核心素养的培育。

第五节　《猜猜我有多爱你》教学设计

一、课文简说

《猜猜我有多爱你》是爱尔兰作家山姆·麦克布雷尼创作的一个绘本故事，讲的是大兔子和小兔子之间的故事，他们把爱用各种方法表示出来，用双手，用双脚，甚至把爱伸到了月亮上。这个故事很感人，小兔子想出来的这些办法很好，但他对大兔子的爱比不过大兔子对他的爱。

每一位爸爸妈妈都很爱自己的孩子，那是一种含蓄的爱，有时却在不经意间伤害了孩子。而孩子的爱是不需掩饰的，他们的一举一动甚至只是一句话就可以深深地触动父母的心。"猜猜我有多爱你。""我爱你有这么多。"孩子尚可知道表达自己的爱，我们也要像大兔子那样告诉小兔子"我爱你一直到月亮那里，再从月亮上回到这里来……"告诉所有的爸爸妈妈——如何表达你的爱。

爱的表达是个很复杂的事情，尽管小兔子很爱大兔子，可怎么也比不过大兔子对它的爱，与其说小兔子的生活经验少，不如说他爱的感情阅历不够深。

二、教学目标

(1)学习"抓、张、举、撑、抱"等生字。

(2)引导学生看图、读文、想象、感悟，体会小兔子和大兔子之间浓浓的爱。

(3)借助文本的言语形式，培养学生的表达能力、课外阅读的兴趣。

三、教学重点

理解文章内容，体会俩兔子之间深深的爱。

四、教学过程

(一)阅读封面，猜测"爱"

过渡：这节课，我们就来学习一个有关小兔子和大兔子之间发生的故事。(出示封面)

(1)从书的封面，你们看到了什么？

(2)看了这个封面，你们还知道了什么？

(3)他们在做什么呢？

小结：读读书的封面，也挺有意思的。现在让我们赶快跟随两只兔子走进故事吧。

【设计意图：通过阅读封面，初步感知故事内容，激发学生学习绘本故事的欲望。】

(二)初读故事,感受"爱"

(1)聆听故事,初感"爱"。

(2)学习生字,述说"爱"。

①拼一拼,读一读,再读给同桌听。

②"开火车"读。(学生"开火车"读生字)

③你们积累了这样的词语吗?

(课件出示:跳上跳下　　非常非常　　黑沉沉

爬上爬下　　特别特别　　白花花

飞上飞下　　很深很深　　绿油油)

【设计意图:这一环节的教学,让学生在初读故事中感受"爱",并在学习生字中述说"爱"。】

(三)细读故事,触摸"爱"

1.自读故事,感受"爱"

过渡:请同学们自由读故事,想想小兔子和大兔子之间有几次主要的对话,用"＿＿＿"画出小兔子说的话,用"～～～"画出大兔子说的话。

(1)故事里,小兔子和大兔子之间有几次主要的对话呢?

(2)读读小兔子的话,你体会到了什么?从哪里体会到的?

2.联想想象,感悟"爱"

(1)想一想,小兔子在日常生活中是怎么爱大兔子的?

(2)大兔子又是怎样爱小兔子的呢?

(3)读读小兔子和大兔子的对话,然后和同桌分角色读一读。

(4)你们想用哪些词语形容他们的爱呢?

预设:很爱很爱、非常非常、特别特别……

(5)能用这些词语说一句话吗?

3.联系实际,表达"爱"

(1)(出示情境图)同学们,请看这几幅图。谁来说说图画的内容?

预设：

第一幅图：爸爸妈妈在地里干活，我叫他们回来吃饭。

第二幅图：妈妈生病了，我跑着去给她买药。

第三幅图：爸爸妈妈在午休，我进房间拿东西，走得很轻很轻。

(2)用句式表达自己对父母的爱。(课件出示：我＿＿＿＿＿＿＿＿＿＿＿＿＿
＿＿＿＿＿＿＿有多＿＿＿＿＿＿＿，我就有多爱你。)

(3)父母为你们做了哪些事？

(4)用上面句式说说爸爸妈妈爱你们的事。

小结：同学们，我们是在爱中长大的。我们享受着爱，也要回报爱，我
们的生活才会更幸福。

【设计意图：语文的外延等同于生活的外延，生活有多广阔，语文的天
地就有多广阔。在这一环节中，引导学生走进故事感受"爱"，并联系生活
实际学会用自己的方式表达"爱"，提升学生的表达能力。】

(四)简介作者，拓展阅读

1. 简介作者

师：像这样有图有文字、图文并茂的书，我们把它叫作绘本。老师今天
也把这本书带来了，你们看。(出示绘本)这本书的作者是山姆·麦克布雷
尼。他是个英国作家，原来是个老师，后来专门为小朋友写书，深受小朋友
的喜爱。他的作品还有《9只小猫呼呼呼》《你们都是我的最爱》等。

2. 拓展阅读

师：老师还想向同学们推荐一些优秀的绘本，如《我爸爸》(【英】安东
尼·布郎)、《逃家小兔》、《爱心树》(【美】谢尔·希尔弗斯坦)。大家课后
去看一看，好吗？

【设计意图：拓展是巩固、深化、拓宽课堂教学内容的最佳策略。在这
一环节中，主要让学生了解作者以及他的主要作品，在此基础上引导学生
阅读优秀的绘本，提升学生的语文素养。】

第九章

小说类文体价值的教学探索

第一节　小说类文体的特征

小说是一种以刻画人物形象为中心、通过完整的故事情节和环境描写来反映社会生活的文学体裁。人物、情节、环境是小说的三要素。

一、人物形象

人物的核心是思想性格，人物描写的角度有正面描写和侧面描写。正面描写包括外貌、语言、动作、神态、心理等，侧面描写通常以他人或事物来反映该人物，又叫侧面烘托。小说塑造人物，一般含虚构和改编真实人物两种情况，可以以某一真人为模特儿，综合其他人的一些事迹。如鲁迅所说："人物的模特儿，没有专用过一个人，往往嘴在浙江，脸在北京，衣服在山西，是一个拼凑起来的角色。"任何一部优秀的小说，总有使人难忘的典型人物。也就是说，人们可以通过这些艺术典型的"镜子"，看到、理解许多人的面目。

二、故事情节

故事情节是指作品所描写的事件发展、演变的全过程。故事情节的一般结构：（序幕）—开端—发展—高潮—结局—（尾声）。故事情节来源于生活，是现实生活的提炼，它比现实生活更集中、更有代表性。现实生活中事物的发展变化往往是有始有终、有起有伏的，并有一定发展过程，小说叙述也遵循着现实生活发展的逻辑，也是有段落、有过程的。这个过程一般分为开端、发展、高潮、结局四个部分。有时还有序幕和尾声。在作品中，情节的安排取决于作者的艺术构思，并不一定按照现实生活中的事件发生、发展的自然顺序，有时可以省略某一部分，有时也可颠倒或交错。

三、环境描写

环境描写是指对人物活动的环境和事情发生的背景进行描写。一部好的小说总能让人身临其境、感同身受，而不像一般科学报告那样显得枯燥乏味。环境描写分为自然环境描写和社会环境描写。自然环境描写是指对人物活动的时间、地点、季节、气候及花草鸟虫的描写，作用是渲染故事气氛、烘托人物形象、推动情节发展、暗示社会环境、深化作品主题；社会环境描写是指对人物活动的具体背景、处所、氛围以及人际关系等进行描写，作用是交代人物的生存环境、交代人物的社会关系、交代作品的时代背景。

另外，小说具有以下六个特点：

（1）价值性：小说的价值本质是以时间为序列、以某一人物或几个人物为主线的，从不同角度反映社会生活中各种人和事的价值关系（政治关系、经济关系和文化关系）的产生、发展与消亡过程，能够给读者带来美的享受和思考，对读者的思想和情感产生积极的影响。

（2）容量性：与其他文学体裁相比，小说的容量较大，它可以细致地展现人物性格和人物命运的变化，可以表现错综复杂的矛盾冲突，同时还可以展现人物所处的社会生活环境。

（3）情节性：小说主要是通过故事情节来展现人物性格、表现文本主题的。故事来源于生活，但它通过整理、提炼和安排，就比现实生活中发生的真实实例更加集中、更加完整、更具有表达力。

（4）环境性：小说的环境描写和人物塑造对深化主题有重要的作用。在环境描写中，社会环境是重点，它揭示了种种复杂的社会关系，如人物的身份、地位、成长的历史背景等。自然环境包括人物活动的地点、时间、季节、气候、景物以及场景等，用来表现人物的身份、地位。自然环境描写对表达人物的心情、渲染环境气氛都有不小的作用。

（5）发展性：小说是随着时代的发展而发展的。魏晋南北朝文人的笔记小说，是中国古代小说的雏形；唐代传奇的出现，尤其是三大爱情传奇，标志着古典小说的正式形成；宋元两代，随着商品经济和市井文化的发展，出现了话本小说，为小说的成熟奠定了坚实的基础；明清是中国古代小说发展的高峰时期，出现了我国文学史上的"四大名著"。

（6）复杂性：小说更具复杂性、连贯性，尤其长篇小说，往往线索众多，错综复杂。近现代小说，情节不但完整，而且多变，突出表现在打破故事情节的顺序结构，摒弃作品叙述人完整描述故事的单一方法，而通过不同角度，运用各种技巧描写，体现情节的完整。当代一些借鉴"意识流"手法创作的小说，表面上时空颠颠倒倒，过去、现在、未来，交杂无序，时代氛围、人物场所、具体环境，穿插叠映；但根据小说人物的意识流向和事件的因果关系，可以发现，情节在变化中仍然是完整一体的。

第二节　小说类文体的价值

国际学生评估项目（PISA）指出：所谓的阅读素养，指阅读者参与阅读活动，并通过理解、运用、评估、反思等，实现自我追求，增长知识，挖掘潜能。由此可见，阅读教学，特别是小说类文体教学，学生必须通过阅读文本培养阅读能力。而阅读测评则是借助阅读情境材料，对学生的阅读能力进行检测的评价方式，由此循序渐进，使阅读教学与阅读测评同步进行。因此，我们可以从"阅读感受力、阅读理解力、阅读鉴赏力、阅读语用力"四个层次，探索课程标准、阅读能力与小说类文体教学之间的关联性。下面，笔者以《钓鱼的启示》这篇课文教学为例，谈谈自己的思考。

一、读"通"文本，丰富感受力

阅读感受力，指学生根据提供的文本信息，发现文本的结构特点，形成自己独特的整体感悟文本的能力。如《钓鱼的启示》这篇课文的结尾，就给人意犹未尽的感觉。作者在"给我留下了永久的回忆和终生的启示"处突然停笔，而没有写出为什么会留下"永久的回忆和终生的启示"，这样就给读者留下无限思考的空间。因此，可以从文章的整体结构入手，设计一些感受力方面的问题，引导学生"读通"文本。

首先，教师让学生在初读课文后，根据课文内容完成以下填空："三十四年前的那个月光如水的（　　　），给我留下了永久的（　　　）和终生的（　　　）。"学生初读课文后，自然能够准确填补词语"夜晚""回忆""启示"，从而快速激起学习整篇文章的欲望。于是，教师把感受力的突破点定在"启示"这个词上，并紧紧围绕"启示"设计相关的问题，让学生理解"启示"的含义："启示"是什么意思？"启示"在这句话中又是什么意思？还可以换成什么词？学生在"启发""启迪"等替换词语的比较中，自然体会、理解了"启示"的含义。

接着，教师让学生从文中找出与父亲有关的语句，进一步读"通"文本。学生再读课文后，很快从文中找到三处与父亲有关的句子：①孩子，你得把它放回湖里去；②你还会钓到别的鱼的；③道德只是个简单的是与非的问题，实践起来却很难。这时，教师让学生通过多种形式朗读这三个句子，并说说从中知道了什么，进一步加深对课文内容的理解。

在教学中，教师以"启示"作为教学的突破点，以父亲的语言作为教学线索，以多种形式的朗读作为教学手段，让学生在读"通"人物语言的过程中，了解文章的主要内容，从而实现对文章的初步感悟。

二、读"懂"文本，增强理解力

阅读理解力，指学生对提供的文本信息的关键词句、重要段落等进行深入品读和感悟，从而能够对文本的主要内容、情感变化、表达方式等进行合理解释的能力。《钓鱼的启示》这篇课文中，父亲说的三句话，每一句话都可以作为培养学生阅读理解力的情境材料，都能有效训练学生"读懂"的能力。

首先，教师让学生进行思考：文中与父亲相关的三个句子，哪个句子最能给"我"启示？并说明理由。学生经过思考后，就会发现句①重点理解父亲的坚决和慈爱，句②重点理解父亲冷静平和的心态，句③重点理解父亲要告诉"我"什么道理。这样，教师不仅能准确判断学生读"懂"的程度，还能使学生真正将阅读理解力落到实处。

其次，教师让学生把目光聚焦在父亲的第三句话："道德只是个简单的是与非的问题，实践起来却很难。"这句话是这篇文章的中心句，蕴含着做人的道理，最具理解价值。因此，教学时，教师设计了这样一个阅读理解的题目：

下列选项中，哪一个对"道德只是个简单的是与非的问题，实践起来却很难"这句话的理解最准确？（　　　　）

A."道德"是个简单的是与非的问题，实践起来很容易。

B."道德"一词很容易被理解，要真正付诸实践，却很困难。

C."道德"一词不容易被理解，要真正付诸实践，也很困难。

D."道德"一词很容易被理解，实践起来也很容易。

学生经过思考，很快就会发现 B 选项的答案是最准确的。可以说，这样的题目，可以让学生在深入思辨的过程中，进一步理解为什么说起来容易做起来难，真正将人文性和工具性有机结合起来。

当然，不同的文章训练学生的"理解力"的方法也是不一样的。因此，在教学中，教师要根据不同文体的特点，选择相应的"理解力"训练点。像《钓鱼的启示》这样的小说类文本，就应该选择具有深刻含义或者富有表现力的关键句进行教学，让学生品读、感悟文本的过程变得更具挑战性，更能增强学生的理解力。

三、读"化"文本，提升鉴赏力

阅读鉴赏力，指学生根据提供的文本信息，对它的主题、内容、形式等进行判断和评价的阅读思维能力。因此，教师根据"阅读鉴赏力"的特点，在学生读懂父亲语言的基础上，提出了这样的问题：请根据文本内容，想一想父亲的话为什么能给"我"留下终生的启示。可以说，这个问题是对文本内容的综合，具有一定的开放性和思考性。因此，在教学中，教师主要从以下几个方面引导学生：①选择话题，以孩子们喜欢钓鱼作为讨论的主题，使教育过程变得轻松自然；②善用对比，让学生对把鱼放回湖里与拿回家里进行比较，这样更能突出做人的诚实；③想象说话，引导学生理解：人有时会遇到金钱、地位与权力的诱惑，但只要坚定自己的理念，就一定能克服这些表面之惑;④循循善诱,让学生与文本、编者、作者进行充分对话,引导学生领会做人的道理。

此外,《钓鱼的启示》这篇课文中,作者在描写父亲的语言时,既没有写父亲说话时的动作,也没有写父亲说话时的神态。因此,在教学时,我们可以引导学生想象父亲当时的动作、神态,然后在提示语的前面加上适当的表示动作、神态以及情绪的词语,从而让学生在领悟道理的过程中,进一步明确父亲说的这些话所要表达的含义,要给"我"什么启示。

可以说,阅读鉴赏力的培养,就是引导学生借助文本信息了解人物形象、表达技巧、文本特色等,增进阅读体验。

四、读"活"文本,提高语用力

阅读语用力,指教师创设新的语境,让学生借助阅读材料,发展自己的语言能力,或者利用文本信息解决生活中的实际问题,真正将文本读"活"。

如教学《钓鱼的启示》这篇课文时,教师首先创设了这样的情境:"我"在以后的人生旅途中,可能还会遇到哪些与那条鲈鱼相似的诱惑呢?经过交流讨论后,有的学生说:"诱惑人的'鱼'可能有金钱。"有的学生说:"诱惑人的'鱼'可能有地位。"有的学生说:"诱惑人的'鱼'可能有名利……"学生在理解了父亲的语言后,根据自己的理解进行了想象补白,进一步理解了这句话所要表达的含义。

接着,教师创设第二次情境:生活中,你们有没有遇到过诱惑人的"鱼"?这一问题的提出,拓宽了学生的思路,使他们在交流中进一步明确"道德只是个简单的是与非的问题,实践起来却很难"这句话所蕴含的道理。在交流时,有的学生说:"我们到商店买东西时,售货员多找了钱,是归还给售货员,还是将错就错?"有的学生说:"过马路时,绿灯突然变成红灯,但周围没有人,我们是冲过去还是等绿灯亮了再过去?"有的学生说:"有一次考试时,老师多给了分数,但没人知道,是否要告诉老师?"这是学生在理解了父亲的语言之后的拓展延伸,由文本内容的理解拓展到自己生活实际的感悟,更能深刻理解父亲的话所要表达的含义。

综上所述,阅读能力的发展是由简到繁的,感受力和理解力是提高阅读能力的基础,而鉴赏力和语用力是提升阅读能力的保障。当然,在小说类文体教学中，我们不一定要按以上步骤按部就班，可以根据学生特点、文体特征等灵活选用教学策略，从而最大限度地提升学生的阅读能力。

第三节　小说类文体教学的误区

小说是小学语文教科书中一种非常重要的文体，我们不仅要引导学生关注情节、环境描写，还要让他们感受人物形象。在实际教学中，部分教师忽视小说的文体特征，没有准确把握编者的编排意图，使学生错失习得阅读小说的方法。

一、忽视文体特征，僵化为口号标签课

小说的情节跌宕起伏，环境也随着情节不断发生变化。小说具有趣味性的特点，是一种有别于其他文体的叙事性文体。然而，部分教师在教学时忽视了小说的文体特征，把它当成普通的记叙文进行逐段教学，致使小说教学丧失了小说原有的"味道"，课堂氛围沉闷、无趣。如教学六年级上册《穷人》这篇课文时，有的教师先让学生回忆记叙文的六要素，再让他们根据六要素概括课文的主要内容，然后逐一出示描写桑娜和渔夫言行的语句，让他们从中提炼出人物的品质，最后让他们联系生活中真实的案例，空谈自己的感受。这样的教学，完全忽视了小说的文体特征，致使学生理解和感受人物形象变得空洞，体会人物品质变得模式化，僵化为"喊口号""贴标签"课。

二、拔高学习要求，异化为文学理论课

小说不仅情节描写跌宕起伏，而且人物描写鲜活丰富。然而，部分教师在教学时拔高学习要求，只是简单粗暴讲解、分析作品写作特色，将小说教学异化为讲概念、背定义。如教学六年级上册《穷人》这篇课文时，有的教师先是对学生讲解"小说三要素""情节四要素"等文学术语，接着让学生从文中找出描写桑娜和渔夫言行的语句以及描写周围环境的相关句子，然后教师就概念讲概念，过度讲解环境描写与情节描写的作用，拔高学习要

求。这样的教学,把小说中的人物、情节、环境等拆分成一个个知识点,将小说教学异化为文学理论课。

第四节　小说类文体教学的策略

"塑造人物形象"和"反映社会生活"是小说类课文教学的重点。那么,教学时应如何处理好"人物""情节""环境"三者之间的关系?教师在教学时,可从"小说三要素"入手,增强学生的文体意识,引导学生从会读这几篇课文到会读小说类文章,让学生习得阅读小说的方法,提升学生的阅读能力和表达能力,达到"教是为了不教"的目的。下面,笔者以六年级上册《穷人》这篇课文教学为例,谈谈自己的思考。

一、梳理故事情节,感知人物形象

小说的故事情节一般包括开端、发展、高潮、结局四个部分,往往通过制造冲突、设置悬念、留下空白等增强小说的趣味性,是小说"三要素"中最关键的一环。因此,帮助学生梳理故事情节,把握小说情节间的内在联系,是学生感知人物形象的重要方法。

(一)巧用思维导图,梳理故事情节

小说的故事情节安排巧妙、跌宕起伏。因此,在学生初读课文后,教师可以先让学生初步说出故事的主要内容;接着,引导学生对故事内容进行简要概述,并拟出各部分的小标题;最后,再引导学生结合内容完成可视化的情节图,如情节树、情节网、情节格等。

如《穷人》这篇课文,学生初读课文后,就能初步概括出主要内容:桑娜在寒风中等待渔夫归来,来到邻居西蒙家,看到西蒙已病故,就抱回两个孤儿,但内心忐忑不安;渔夫回来后,从桑娜口中得知西蒙死去的消息,同意收养两个孤儿。在此基础上,教师可以引导学生拟出小标题:盼夫归来、抱回孤儿、忐忑不安、渔夫回家、同意收养。这样,学生就能根据小标题完成情节图(如图1),使自己对小说的情节有清晰的认识,从而帮助自己进一步

感知鲜明的人物形象。

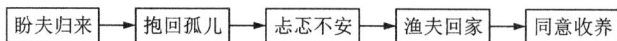

| 盼夫归来 | → | 抱回孤儿 | → | 忐忑不安 | → | 渔夫回家 | → | 同意收养 |

图1 《穷人》情节梳理图

(二)抓住矛盾冲突,初步感知形象

小说之所以会吸引读者,主要是故事中有许多冲突的情节。因此,在教学时要引导学生抓住矛盾冲突,感受故事情节的跌宕起伏,初步感知人物形象。

如《穷人》这篇课文,文中一共有四次明显的矛盾冲突。第一次,桑娜抱回两个孤儿的心理矛盾;第二次,渔夫得知西蒙死了,两个儿子无依无靠,内心很矛盾;第三次,渔夫决定收养两个孤儿,桑娜坐着不动,渔夫对桑娜造成误解;第四次,渔夫一家很穷与收养两个孤儿的矛盾冲突。梳理出这四次矛盾冲突后,教师可以组织学生朗读发生冲突双方的对话、心理描写,让学生感受到当时冲突的激烈程度,从而体会渔夫和桑娜心地善良、宁肯自己受苦也要帮助别人的人物形象。

(三)关注特殊情节,再次感知形象

小说的情节设置都有其独特之处,最精彩的部分往往都在高潮处。但《穷人》这篇课文,却是在桑娜和渔夫的一段对话后把小说推向了高潮,也恰到好处地戛然而止,给读者留下了悬念。因此,在教学时,教师可以引导学生体会:作者为什么要这样设计?为什么故事不继续交代结局?在学生猜测后,教师可以引导学生思考围绕抚养孤儿这件事,作者设置了哪些悬念?学生经过思考,就会发现有两个悬念:悬念一,桑娜在暴风雨之夜焦急等待渔夫归来,在那样的天气里,渔夫能否平安归来?如果遭遇不测,桑娜一家以后的生活怎么办?悬念二,桑娜擅自收养两个孤儿,如果渔夫遭遇不测,那岂不是雪上加霜?如果渔夫能平安归来,会不会同意收养这两个孤儿?这样的情节安排,让读者不能不为桑娜的命运担心。如果按照常规写法,桑娜已经有五个孩子了,不可能再收养两个孤儿,可作者偏偏就这样

写了。于是，教师就可以追问学生：作者为什么要这样写？学生结合文本内容就会发现这样的结尾能够带给读者出人意料的感受，也能从中感受到桑娜和渔夫善良的美好品质，并为之深深感动、震撼。

二、借助环境描写，感受人物形象

小说除了通过故事情节来刻画人物形象，还借助环境描写来烘托人物形象。因此，教师在教学时，不能光引导学生理解环境描写的作用，还要将环境描写与感受人物形象结合起来。

如教学《穷人》这篇课文时，可先让学生从文中找出环境描写的句子，然后让学生思考环境描写与刻画桑娜和渔夫形象之间有什么关系。

首先，文章的开篇就有大量的环境描写。如"屋外寒风呼啸……"这个句子，不仅是对屋外环境的描写，也衬托出渔夫一家生活非常贫穷，因为在这样寒冷的天气里，渔夫仍然要外出打鱼；又如"地扫得干干净净……"这个句子，描写了桑娜一家屋内的环境，不仅写出屋里的整洁、温暖，也衬托出桑娜的勤劳和善良，刚好与描写屋外恶劣的环境的句子形成了鲜明的对比。

其次，文章也在故事的发展阶段，对西蒙一家的屋内环境进行了描写。如"屋子里没有生炉子，又潮湿又阴冷"这个句子，不仅写出西蒙一家的贫穷，身世很悲惨，而且与描写桑娜温暖的家的句子形成了鲜明的对比；同时，也为下文桑娜收养两个孤儿埋下伏笔，衬托出桑娜一家宁可自己吃苦也要帮助别人的高贵品质。

因此，在教学时，教师可引导学生将环境描写与故事情节、人物形象结合起来对比阅读，从中发现小说中的环境描写不是随意添加的，而是为了渲染氛围、表达情感、推动故事情节发展和烘托人物形象。

三、抓住人物描写，品析人物形象

小说往往通过语言、动作、心理等描写来刻画人物形象，因此，教师要引导学生抓住人物描写，走进人物内心世界，品析人物的鲜明形象。

如《穷人》第7~27自然段，随着故事情节的发展，矛盾冲突不断发生。作者通过人物的对话和心理描写，逐步刻画出桑娜和渔夫的人物形象。在教学时，教师可先引导学生梳理文本中的矛盾冲突，再找到描写桑娜和渔夫对话和心理活动的语句，深入品读人物形象。

第一次冲突是桑娜要不要抱回两个孤儿的心理矛盾，从"非这样做不可""忐忑不安"等心理描写表现了桑娜同情孤儿但内心紧张的形象；第二次冲突是渔夫得知西蒙死了，两个孤儿无依无靠，要不要抱回两个孤儿的心理矛盾，从"严肃、忧虑""我们总能熬过去的"等神态和语言描写表现了渔夫的善良与坚强，宁可自己吃苦也要帮助别人的高贵品质；第三次冲突是渔夫对桑娜举动的误解，从"你怎么啦？不愿意吗？你怎么啦，桑娜？"等语言描写，表现了渔夫的善良以及想立即抱回两个孤儿的迫切心情；第四次冲突是渔夫一家的贫穷与收养两个孤儿造成的矛盾冲突，从对渔夫一家的环境描写以及渔夫冒着恶劣天气外出打鱼的情节，都可以看出渔夫一家的贫穷，但从抱回两个孤儿的情节中表现了桑娜和渔夫的善良、吃苦耐劳的品质。

教师可结合这四次冲突引导学生细细品味人物的对话、心理、神态等描写，从而真切地感受渔夫和桑娜心地善良、吃苦耐劳的鲜明人物形象。但小说与一般叙事性文章不同，教师在引导学生品析人物形象时，还要结合环境描写、情节描写，在情节冲突中体会人物形象。

总之，教师在教学小说类课文时，可围绕小说的核心要素"感受人物形象"展开教学，并引导学生掌握阅读小说的基本方法，将学到的方法迁移运用到课外阅读中，开启更加美好的小说阅读之旅。

第五节　《桥》教学设计

一、课文简说

《桥》是统编版语文教科书六年级上册第四单元的一篇课文，叙述了一位村党支部书记在凶猛的洪水中沉着镇静地指挥村民过桥，最后自己和儿子被洪水吞没的感人故事。这是一篇微型小说，语言简练生动，情节起伏跌宕，结尾出乎意料，人物形象鲜明。

本单元为小说单元,单元的语文要素是"读小说,关注情节、环境,感受人物形象"。学生从四年级上册就开始学习"感受鲜明的人物形象",基于学生已有的学习经验,本课教学设计可以根据单元语文要素,引导学生运用情节图梳理小说的故事脉络,在自主合作探究学习的过程中,联系暴雨、洪水与桥等环境描写,抓住情节中对老支书动作、语言、神态的具体描写来感受老支书的形象,让学生初步习得关注情节阅读小说的方法。

小说对人物关系的安排独具匠心,不仅在于老支书与小伙子是父子关系,更在于把这种关系放在小说结尾才点明。小说主体部分对老支书形象的塑造给读者留下了深刻印象,结尾点明父子关系,使读者在深化把握人物形象的同时,更被老支书家庭的巨大牺牲震撼,产生崇高的悲壮感。所以在教学时,教师要引导学生把握人物关系,领悟微型小说独特的艺术结尾。

二、教学目标

(1)找出描写老支书动作、语言、神态的语句,圈出相关的环境词句,感悟老支书舍身救民、壮烈牺牲的党员形象,并有感情地朗读课文,感受短句的特点。

(2)借助鱼骨图,引导学生感知文中的人物形象、情节安排及环境描写之间的关系,整体感知小说的文体特征。同时,领悟小说的表达特色,初步体会悬念设置和巧妙取题的作用,并能用这些方法进行拓展阅读。

三、教学重点

抓住老支书语言、动作、神态描写,在环境变化、情节发展及矛盾冲突中感受老支书大公无私的品质和爱子深切的感情。

四、教学过程

(一)复习导入,体悟环境

(1)视频导入:通过上节课的学习,我们感受到了短句的魅力,以及此时此刻环境的危急和村民的慌乱。让我们一起再来回顾那一幕幕惊险的画面。

(2)复习旧知,抓住字眼再次感受老支书如山的形象。

【设计意图:教育心理学研究表明,如果学生对所学材料感兴趣,就会产生愉快的情绪和强烈的求知欲,学习就会取得事半功倍的效果。课堂伊始,视频导入,并通过复习第一课时的内容进而引入课题,编织起现实与文本的纽带,披情入文,为学习奠基。】

(二)把握内容,梳理情节

1. 默读小说,整体感知

自学要求:请同学们默读课文第7~23自然段,在默读的过程中关注小说中的环境、情节描写,填写学习单(图2)。

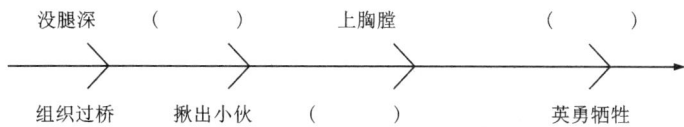

没腿深 （ ） 上胸膛 （ ）

组织过桥 揪出小伙 （ ） 英勇牺牲

图2 学习单

2. 交流反馈,梳理内容

请同学们借助学习单梳理课文内容。

【设计意图:借助学习单引导学生梳理关键情节,帮助学生理解课文大意,并为下一步深入研读人物形象做铺垫。】

(三)聚焦情节,感受人物

1. 潜心读文

(1)过渡:刚才我们说老支书像一座山,且被村民深深地拥戴着,那老支书为什么会被拥戴呢?

(2)请同学们默读课文第7~13自然段,用批注阅读的方式找出描写老支书动作、语言、神态的句子,并思考:这篇小说写了一位怎样的老支书?

2.分享成果

下面我们通过动作、神态、语言描写来感受老支书镇定如山的形象。

（1）聚焦老支书的动作。

木桥前，没腿深的水里，站着他们的党支部书记，那个全村人拥戴的老汉。

（2）聚焦老支书的神态。

他不说话，盯着乱哄哄的人们。他像一座大山。

（3）聚焦老支书语言。

老汉沙哑地喊话："桥窄！排成一队，不要挤！党员排在后边！"

（4）总结学法，引导迁移：孩子们，刚才通过抓住老支书的动作、语言、神态，我们从看似平常的句子中感受到了老支书镇定如山的形象，这就是品读。

【设计意图：本环节的设置意在教给学生阅读的方法，引导学生结合环境、情节，抓住人物的动作、语言、神态理解人物形象。这样才能使学生真正走进文本，体会字里行间流动的英雄形象，读懂文本意思，读活故事画面，读出小说意境。】

3.迁移运用

（1）出示问题。

接下来让我们走进另外三个情节，请你们运用这样的学习方法，默读课文第14~23自然段，圈画出关键词，做上简单的批注，边读边思考：这篇小说还写了一位怎样的老支书？

（2）交流反馈。

①抓"冲""揪"，感受老支书公正如山的形象。

②抓"吼""推"，感受老支书父爱如山的形象。

③抓"喊"，感受老支书壮烈如山的形象。

【设计意图：在教学中，语文要素的教学要一以贯之，本环节在前一环节的基础上进行学法迁移，让学生利用刚才掌握的学法——"结合故事环境、情节理解人物"，更加立体地走进小说。同时，引导学生抓住人物动作、

语言、神态反复品读老支书的形象，使学生畅游于"读小说品人物"之旅，深刻体会小说所呈现的老支书"如山"的形象。】

（四）体悟表达，深化形象

1. 深化小说三要素，体会感悟

环境愈演愈烈，情节不断推进，老支书的形象也越来越高大。请同学们回看板书，总结作者的表达方法。

（1）看环境：水位越来越高，环境越来越危急。

（2）看情节、动作：情节越来越紧张，老支书的动作越来越少，最后壮烈牺牲。且从四个情节细节中，可以感受到情节的跌宕起伏。

（3）结合环境、情节：环境和情节是相互关联的，都是为了烘托老支书的伟大形象。

（4）小结：读小说，要抓住情节、环境，感知人物形象。

2. 回顾小说结尾，感受表达之妙

引导：为什么要在最后才点明老支书和小伙子的关系，这样写有什么好处？

小结：这样的结尾出人意料，又在情理之中，增加了小说的艺术魅力，引发了读者的阅读兴趣，这种写法也叫作"欧·亨利式结尾"。

3. 思辨拓展，回题感悟

这篇文章写出了老支书如山的形象，有人认为将题目改为《山》更好，你认为本文以《桥》为题目好，还是以《山》为题目好呢？

小结：以《桥》为题更好，因为《桥》说明了老支书是一座桥，一座让人民群众通往生的希望的桥，一座将党和人民群众紧紧拴在一起的连心桥。

【设计意图：逐层感受，体会表达特色。故事情节、环境的巧妙设置，"欧·亨利式"的结尾是本文最突出的写作特色。关注板书，加深印象，引导学生发现小说三要素的内在关系，为引导他们有意识地阅读小说做铺垫。只有"提纲挈领"，才会"百毛皆顺"。同时，引导学生思辨题目，打开学生

思维的大门。】

（五）全课总结，拓展阅读

1.课堂小结

今天，我们阅读了《桥》这篇小说，重点抓住情节、环境，感受人物形象，希望同学们读小说时要关注情节、环境，感受人物形象。

2.布置作业

完成作业单《最后一片叶子》的练习，借助情节图更好地感受人物形象，同时领悟作者取题和结尾的奥秘。

【设计意图：通过课后的拓展阅读，引导学生初步领略作者独特的表达方式，感受经典作品的艺术价值，从而提高对这一类作品的鉴赏能力。】

第十章

古典小说类文体价值的教学探索

第一节 古典小说类文体的特征

古典小说，其本质是小说，是以描写人物故事、塑造人物形象为主的文学作品。现行小学语文统编版教科书中古典小说题材并不多，共有6篇，其中五年级上册编排了1篇根据《史记·廉颇蔺相如列传》相关内容改写的《将相和》；五年级下册第二单元以"走近中国古典名著"为主题编排了4篇课文：根据《三国演义》相关情节改写的《草船借箭》，节选自《水浒传》的《景阳冈》，节选自《西游记》的《猴王出世》和节选自《红楼梦》的《红楼春趣》；另外，五年级下册第五单元还选编了1篇节选自《儒林外史》的《两茎灯草》……虽然入选的古典小说题材并不多，但编者在编排这些课文时，选择了根据名著改写的现代文《将相和》《草船借箭》和从原著中节选的《景阳冈》《猴王出世》《两茎灯草》，这体现了由易到难的编排顺序，旨在带领学生走进中国古典名著，让学生对阅读古典名著产生兴趣。古典小说类文体主要有以下几个特点：

（1）注重人物动作、语言和细节的描写，在矛盾冲突中显示人物性格；人物性格单一，缺少变化；把刻画人物的动作、语言和具有典型意义的细节作为塑造人物形象的重要手段，而很少涉猎人物的内心世界。如《三国演义》中的张飞，只有忠诚勇猛的性格，无论是外部特征——刚硬的扎须，还是外在的行动——大吼三声，都只是为其勇猛的性格服务的，人物形象不够丰满。

（2）情节曲折、故事完整，如唐传奇布局雄伟，情节发展有戏剧性，头尾完整，复杂矛盾冲突始终围绕一条主线。茅盾曾评价《水浒传》的结构具有如下特点：故事的发展前后勾连，一步紧扣一步，但又疏密相间，摇曳多姿，手法变化错综，避免平铺直叙。

（3）重视环境描写。环境描写起到画龙点睛和渲染气氛、烘托人物心情的作用。

（4）叙述时常带有说书人的印记，行文常是说书人的叙述口气，如"看官听说""且把闲话休题""只说正话"等，具有说书人讲故事的口语化色彩。

第二节　古典小说类文体的价值

古典小说是语文教学中一个重要的组成部分，是我国古代文学家集体智慧的结晶，是我国文化宝库中不可或缺的一部分。通过古典小说的阅读和学习，学生不仅可以提升自身的阅读能力、写作技巧以及艺术表现能力，同时也可以汲取古代先哲们的思想精髓，树立优良的品质。

一、有助于丰富学生语文知识

古典小说是人类文字宝库中的瑰宝。自春秋时期的《论语》，到明清时期的白话文等，无论是修辞、描写还是体裁等方面均形式各异，丰富多彩，即便传承到当代，依旧熠熠生辉，具有研究和学习的价值。因此，让学生阅读这些古典小说，可以使学生在阅读过程中学习一些重要的修辞和表达手法，不断丰富他们的语文知识。

二、有助于树立正确的人生观和道德观

在开展语文教学的过程中，语文教师要善于引导学生阅读优秀的古典小说，帮助学生分析和辨别社会生活中的假、丑、恶和真、善、美，从而使学生树立正确的人生观和道德观。如教学《草船借箭》这篇课文时，可以先

让学生课前阅读《三国演义》中有关赤壁之战的内容，从而使学生更好地了解《草船借箭》这篇课文，教师尤其要对主人公的心理描写方面进行重点讲解，如周瑜、鲁肃和诸葛亮等，分清是非善恶，帮助学生养成正确的人生观和道德观。

三、有利于学生自主学习

在阅读古典小说的过程中，学生会逐渐提高自身的阅读能力，同时对于古典小说中的写作背景、人物描写以及作者的写作意图等内容有一个深刻的了解和掌握，在树立正确人生观和价值观的同时，也有利于开展自主学习。

第三节　古典小说类文体教学的误区

我国的古典小说，如《红楼梦》《西游记》《水浒传》《三国演义》等，不仅是中华文化的瑰宝，也是世界文学宝库中的重要组成部分。这些作品以其深刻的思想内容、丰富的想象力和精湛的艺术表现，深受读者喜爱。然而，学生在学习和阅读这些经典文学作品时，往往存在一些误区。

一、对名著的误解

首先，学习古典小说时常见的一个误区是对作品的误解。许多人在没有深入了解的情况下，就轻易对这些古典小说下定论。例如认为《红楼梦》只是一部爱情小说，或者《三国演义》仅仅是英雄人物的战争故事。这种表面化的理解忽视了作品深层的文化内涵和社会价值，导致读者无法真正领会其精髓。

二、死板的阅读方法

另一个常见的误区是死板的阅读方法。很多学习者在阅读古典小说时，过分依赖于传统的、文字解析式的学习方式，如逐字逐句地解读，忽略了作品的整体感受和文学鉴赏的乐趣。这种方法往往使读者感到枯燥乏味，难以维持阅读的兴趣。

三、忽视历史和文化背景

阅读古典小说时,很多人忽视了作品的历史和文化背景。这些古典小说深深植根于中国特定的历史时期和文化环境,没有一定的历史知识和文化理解,很难完全理解作品的深层含义。例如,《水浒传》反映了宋代社会的矛盾和冲突;《西游记》蕴含了佛教、道教和民间信仰的元素。

四、过分追求文学分析

在学术界和教育领域,有时过分强调对古典小说的文学分析和批评,如人物分析、主题探讨等,而忽视了阅读的原初目的——享受文学作品带来的审美体验。过度的分析可能会剥夺读者感受作品情感和艺术美的机会。

五、现代视角的局限

现代读者在阅读古典文学作品时,常常带有现代的视角和价值观。这种时空背景的差异使得读者可能无法完全理解作者当时的意图和作品的社会背景。例如,对于《红楼梦》中的家族伦理和社会规范,现代人可能难以完全理解。

第四节　古典小说类文体教学的策略

针对古典小说的文体特征及教学中存在的误区,我们要充分挖掘古典小说类课文的教学价值,采取适当的教学策略,让学生从中汲取丰富的养分,促进其语文学科核心素养的提升。

一、整体感知,把握故事情节

一般来说,学生读古典小说,最先关注的是故事内容情节:主要讲了一件什么事,结果怎么样。因此,教学时应遵循学生的阅读规律,引导学生把握故事情节。

(一)借助课题，了解故事大意

入选统编版小学语文教科书的古典小说类课文的题目大多短小精悍，却内涵十足。因此，教师可以巧妙地从课题切入，抓住小说的三要素，把握故事的主要内容。

如五年级上册《将相和》这篇课文，教学时，教师就可以从课题入手，让学生在读课题中，明白这个题目交代了哪些内容。如故事的时间(战国时期)、主要人物(廉颇和蔺相如)、主要事件(廉颇和蔺相如和好)。在这样的基础上，就可以引导学生理出这篇小说的三要素，即：人物(廉颇和蔺相如)、环境(赵国受到秦国的威胁)、情节(和好)。情节一般包括开端(蔺相如立功，受到赵王嘉奖)、发展(廉颇与蔺相如不和)、高潮(廉颇负荆请罪)、结局(廉颇和蔺相如和好)。然后要求学生根据小说的三要素，把课文的主要内容串起来，即：战国时期，赵国受到秦国的威胁，蔺相如不辱使命维护国家的尊严，得到赵王的奖赏。廉颇很不服气，与蔺相如闹矛盾，但蔺相如大公无私的精神感动了廉颇，使他负荆请罪，两人重新和好，共同保卫赵国。最后再向学生点明，只要抓住小说三要素，就易于把握小说的主要内容。

(二)借力表格，理清文章脉络

学生由课题入手，初步把握课文的主要内容之后，教师就可以借助表格，"放大"其内涵，厘清文中人物的关系以及他们的表现，借此进一步细化、梳理文章的脉络。

如五年级下册《两茎灯草》这篇课文，在学生读完课题后，教师就可以让学生自由读课文，并借助表格理清文章脉络(见下页表)。于是，学生细读课文后，就能从故事中知道时间是严监生临死前，地点是严监生的病榻前，人物的主要表现分别是：严监生伸着两个指头；大侄子认为两个亲人不曾见面；二侄子认为两笔银子不曾吩咐；奶妈认为两位舅爷不在跟前；赵氏认为灯盏里点的是两茎灯草；严监生点一点头，把手垂下，登时就没了气。接着，教师可以让学生借助填写完整的表格，简要复述故事情节，初步感知课文的主要内容和构思的巧妙。最后，再引导学生回顾课题，进一步感受课题与文本相映的妙处。

时间	地点	人物	主要表现
严监生临死前	严监生的病榻前	严监生	伸着两个指头
		大侄子	走上前,认为还有两个亲人不曾见面
		二侄子	走上前,认为还有两笔银子不曾吩咐
		奶妈	抱着哥子,认为两位舅爷不在跟前
		赵氏	揩揩眼泪,认为灯盏里点两茎灯草,费油
		严监生	点一点头,把手垂下

二、品味细节,感悟人物形象

入选统编版小学语文教科书的古典小说类课文,虽然只是节选其中的片段,但细节描写生动传神,人物形象的刻画也非常鲜明。因此,教师可以通过对比、想象,感悟丰富的人物形象,品味精彩的细节描写。

(一)对比品读,丰满人物形象

阅读古典小说,其实是一个对人物形象的理解和把握的过程。因此,教师可以通过对比品读,使人物形象更丰满、更深刻,从而提升学生的阅读眼光。

如五年级下册《景阳冈》这篇课文,在教学"武松打虎"这一部分内容时,教师可以先以"武松给你留下怎样的印象"检查学生的自学情况,学生的初步印象大多是武松非常勇猛、知难而进、勇敢威武……这时,教师可以引导学生再次速读课文,圈画出描写武松打虎的动词,如"翻、拿、闪、劈、踢、打"等,让学生说说从这些动词中感受到了什么。接着,让学生找出描写老虎动作的词语,如"扑""掀""剪"等,让学生说说从中又感受到了什么。然后,让学生对比武松和老虎的动作,从中感受到武松具有武功高强、有勇有谋、力大无穷等特点。但教学至此,学生对武松的认识仍然比较片面。因此,可以让学生再次速读这一部分内容,从中找出描写"英雄也是凡人"的相关语句,如"武松读了才知道真的有虎……不能回去"这句话,写出了武松其实也害怕，但他好面子，并不是一个完美的人物。这样对比着读，可以让人物形象更可信、更真实，学生不仅看到了一个"神"人，也看到了一个真实的凡人。

(二)展开想象，走进人物内心

对比品读是感悟人物形象的基础，展开想象才是走进人物内心的重要保证。因此，教师要引导学生联系上下文，发挥想象，走进人物的内心世界。

如五年级下册《红楼春趣》这篇课文，选自《红楼梦》第七十回，讲述的是贾宝玉、林黛玉等在大观园里放风筝的故事。教学时，教师可以先让学生自读课文，然后和同学交流一下：文中哪个人物给你留下的印象最为深刻？这个人物为什么会给你留下深刻的印象？你是从哪里体会到的？如贾宝玉这个人物，教师可以让学生从文中找出能体现他性格特点的语句，如"宝玉说丫头们不会放，自己放了半天，只起房高，便落下来了……"这句话，可以让学生说说从中读懂了什么。学生可能从中感受到贾宝玉因为风筝放不起来，心里特别懊丧，但学生对贾宝玉的性格仍把握不准。这时，教师就可以引导学生联系上下文，发挥想象，走进贾宝玉的内心："宝玉看到别人的风筝飞起来了，而自己的风筝却飞不上来，心里会怎么想？"有的学生认为他可能会想："我做的风筝为什么飞不起来呢？太丢人了！"有的学生认为他可能会想："这次我在他们面前可丢尽了脸面，这可怎么办呢？"有的学生认为他可能会想："老天啊！你能来帮帮我吗？"……这样，学生就能够通过想象走进宝玉的所思所想，一个性格女性化的宝玉形象便呼之欲出、跃然纸上。

三、聚焦词句，领悟精妙语言

古典小说的语言典范、隽永，特别是入选统编版小学语文教科书的片段，语言更是生动凝练。因此，在教学时，教师要引导学生深入咀嚼关键词句，从中领悟经典语言的魅力，并迁移运用，提升"语用"价值。

（一）品读文字，发现奇特意味

古典小说的语言凝练含蓄，言简意赅，描写人物笔墨俭省，而内涵丰富。因此，教师要引导学生用心品味语言之妙，鉴赏小说中人物的个性化语言。

如五年级下册《猴王出世》这篇课文，在教学"那猴在山中，却会行走跳跃，食草木，饮涧泉，采山花，觅树果……夜宿石崖之下，朝游峰洞之中"这句话时，教师可以先让学生自读语句，并说说从中读懂了什么。学生可能会说这句话是从行动、饮食、交往、行踪等方面描写石猴的。于是，教师可以接着引导学生说说从中看到了一只什么样的石猴。学生可能会说这是一只活泼、机智、灵巧的石猴。这时，教师可以出示这样的句子："那猴在山中，却会行走跳跃，自由饮食，结交朋友，行动自如。"让学生与原句进行对比，他们就会发现这个句子虽然也能把事情说清楚，但文学性大大降低了，读起来也没有经典的味道了。为什么呢？可以让学生再读原句，他们就会发现作者运用排比的写法，虽然语言简练，但有节奏感，寥寥几笔就写出了石猴的"神"。因此，在感知人物形象时，教师要引导学生回归语言本身，让他们领悟语言表达的精妙之处，进一步感悟古典小说语言的丰厚意蕴。

（二）迁移运用，学习表达方法

我们不仅要从关键词句中学习作者的表达方法，还要着眼于语用，用经典的语言记录生活，提升古典名著的教学价值。

如五年级下册《两茎灯草》这篇课文，文中严监生的"两个指头""三次摇头"可以说是"吝啬"的代名词，也成为古典小说中的经典性细节。因此，在教学这一课时，教师可以引导学生透过这一经典动作，感受严监生这一吝啬鬼的人物形象，体会细节描写的绝妙。然后，教师可以在学生品味交流语言的基础上，适时总结写法：作者就是运用重复动作的方法来表现人物的特点的，这样的方法在相声里叫"三翻四抖"，在写作中叫"三度反复"。接着，教师可以启发学生思考：在你们的身边，有没有也喜欢做一些习惯性动作或标志性动作的人呢？学生可能就会从老师、亲人、朋友、同学说起，如老师上课时经常竖起大拇指、妈妈批评人时经常插着腰、爷爷抽烟时经常口吐白圈……这样，他们对"三度反复"的写法就有更深的理解。随后，教师就可以让学生由说到写，引导学生运用"三度反复"的表达方法练习写一个片段来表现人物的特点。这样，学生就会在理解、实践、创造中学习语言文字运用，提升古典小说的"语用"价值。

四、多重串联，提高阅读兴趣

古典小说每一回故事都是相对独立的，但前后相互勾连。入选统编版小学语文教科书的几篇课文，开篇都比较突然，甚至没有交代清楚前因后果。因此，教师要以课文故事为基点，引导学生阅读原著、阅读整本书，以激发学生的阅读兴趣。

（一）引入原著，感受名著魅力

有些入选统编版小学语文教科书的古典小说是经过编者改编的，读起来感觉没有经典的味道，这就需要教师把原著拿出来让学生读一读。

如五年级上册《将相和》这篇课文，由"完璧归赵""渑池会面""负荆请罪"三个小故事组成，是根据古典名著《史记·廉颇蔺相如列传》改编而来的。但由于篇幅的限制，课文中的三个故事都是在原文的基础上进行了适当的改写。如"完璧归赵"这个故事，编者为了引出蔺相如这个人物，只是简单交代有人向赵王推荐蔺相如，说他是个勇敢机智的人，至于他是怎样机智的，课文并没有写，而原著是这样写的：宦者令缪贤曰："臣舍人蔺相如可使。"王问："何以知之?"对曰："臣尝有罪，窃计欲亡走燕。臣舍人相如止臣曰：'君何以知燕王?'臣语曰，臣尝从大王与燕王会境上，燕王私握臣手曰，'愿结友'，以此知之，故欲往。相如谓臣曰：'夫赵强而燕弱，而君幸于赵王，故燕王欲结于君。今君乃亡赵走燕，燕畏赵，其势必不敢留君，而束君归赵矣。君不如肉袒伏斧质请罪，则幸得脱矣。'臣从其计，大王亦幸赦臣。臣窃以为其人勇士，有智谋，宜可使。"因此，教师可以把原著拿出来让学生读一读，学生就能在学习课文的基础上读懂原著，体会到蔺相如是一个勇敢机智、不畏强暴、以国家利益为重的人。

(二) 链接课外，拓宽学习外延

入选统编版小学语文教科书的古典小说都是相对独立的故事，既没有开头，也没有结尾，这样特殊的结构，学生很难读出事情的来龙去脉，这就需要教师链接经典，激发学生继续阅读古典小说的兴趣。

如五年级下册《草船借箭》这篇课文，是根据古典名著《三国演义》改写的，它是赤壁之战中的一个故事。学生学完课文后，都能从文中知道诸葛亮用草船"借"箭的事。但学生并不知道诸葛亮为什么"借"箭，"借"箭之后有什么用……这一切是无法在文本中找到答案的。教师要做的就是交代故事发生的时代背景，引入前后的章节，使故事更加完整。同时，教师要引导学生继续阅读古典名著《三国演义》，并把自己喜欢的故事讲给同学或家长听。当然，为了让这样的阅读更加有效果，教师还可以跟学生约定一个月后的阅读课要进行《三国演义》的"阅读分享会"。这样，学生就会将课内所得的阅读方法运用于课外阅读中，拓宽语文学习的外延，使阅读成为自己生活的一部分，同时也在阅读实践中提高阅读能力。

总之，古典小说类课文的教学要紧抓文体特点，并依据选文的独特个性和学生的学段特点，选择合适的阅读方法，让方法的运用与学生的阅读实践融为一体，使学生在与古典小说对话、交流的过程中发展阅读能力，激发阅读兴趣，提升阅读素养。

第五节 《将相和》教学设计

一、课文简说

《将相和》是统编版小学语文教科书五年级上册的一篇精读课文，根据《史记·廉颇蔺相如列传》相关内容改写而成，课文以秦赵两国的矛盾为背景，从情节上来看，本文通过"完璧归赵""渑池会面""负荆请罪"三个小故事介绍了"将""相"由"和"到"不和"再到"和"的过程，三个故事既独立存在，又相互关联。从写法来看，本文的人物个性鲜明，作者通过对话、神态、动作描写塑造了机智勇敢、不畏强暴，顾大局、识大体的蔺相如，以及勇于改过的廉颇，赞扬了他们以国家利益为重的家国情怀。

本课是五年级上册第二单元"阅读要有一定的速度"的第二课，在整个单元的策略学习中起着承上启下的作用。第一篇课文《冀中的地道战》，主要渗透"集中注意力，不要回读"的策略。而本课较长，需要在前一课学习的基础上，抓住"扩大视域，连词成句"的教学重点，指导学生厘清文章脉络，体会人物形象，切实提高阅读速度。

五年级的学生在平时的阅读中已经会不自觉地"连词成句"，但没有掌握系统的方法，学生之间的学习差异也比较大。什么是"连词成句"呢？根据教材导读提示，就是不要一个字、一个词地读。怎样"连词成句"呢？课后的"学习小伙伴"提示了直观的学习方法，要一眼尽可能看到多的内容。然而，看得快不等于看得懂，因此在"交流平台"对此进行了再提升——"读得快还要想得快"，这就充分凸显了该策略要注意"理解与速度并进"的深层内涵。因此，教师在本节课上不仅要引导学生练习"连词成句"的阅读策略，还要引导学生在提高阅读速度的同时能够把握人物形象，培养学生有意识地根据阅读需要去选择合适的阅读策略，引导学生做高效的阅读者。

二、教学目标

(1)在"不回读"的基础上，能学习"连词成句"的阅读，提高阅读速度。

(2)在提高阅读速度的同时，能理解主要内容，感受主要人物形象。

(3)能结合具体事例，有理有据地品评人物形象，受到"国家利益高于一切"的爱国主义教育。

三、教学过程

(一)趣味挑战，学习新策略

(1)趣味挑战，速读练习。

限时阅读一段话，交流看到的内容。

(2)交流体会，明确策略。

①说体会：记了多少内容？

②促思考：为何记住的内容有多有少？

③明策略：阅读速度与一眼看到的范围有关。

【设计意图：《义务教育语文课程标准(2022年版)》倡导"以学生为中心"的课堂，教学时，尊重学生已有的学习经验，找准教学的起点。本节课的学习重点是尝试运用"连词成句"的策略提高阅读速度，而运用该策略的前提技能是扩大视域，这就需要教师创设富有挑战性的学习情境，运用一定的文本材料预先进行训练。因此，一入课教师便创设"限时阅读挑战"的活动情境，在轻松的氛围中激发起学生的好奇心和积极性，并借助现代信息技术将阅读策略可视化，便于学生在探索实践中体会如何"连词成句"地读，避免直接讲述概念。】

(二)初显身手，实践新策略

(1)明晰任务，引入新授。

(2)板书课题，齐读课题。

(3)初显身手，运用策略。

①呈现阅读过程。

②了解阅读速度。

③反思阅读过程。

④检验阅读收获。

a.课文中的"将"和"相"指的是谁呢？

b."将""相"因为什么而不和？(梳理出"完璧归赵""渑池会面"并板书，提示书写要点)

c."将""相"又是怎样和好的呢？(梳理出"负荆请罪"并板书，提示书写要点)

⑤快速浏览，提取关键句。

a.学生快速读文，找到与三个小标题相对应的句子。

b.方法小结："连词成句"地阅读时，关注关键语段能更好地概括文章内容，提高阅读速度。

⑥借助小标题，梳理主要内容。

【设计意图：本环节立足学生的实际情况创设了富有梯度的学习活动，

促进学生内化策略。一是注重引导学生之间的交流，互学互鉴。二是注重师生之间的及时反馈。鼓励学生将运用某个阅读策略的过程用形象、生动、精练的语言展示出来，这样学生能够对比自己的策略思维过程，从中发现自己的优势与不足，并在学习模仿中汲取养分，学习正确的策略思维方式，培养自主阅读的思维能力。】

(三)再用策略，品评人物形象

(1)聚焦"完璧归赵"，读文感悟形象。

①继续用"连词成句"的方法走进"完璧归赵"的故事，画出描写蔺相如的相关语句，想一想：蔺相如给你留下怎样的印象？

②学生自读：关注描写蔺相如的语言、动作、神态等的句子，尝试用一个词概括出蔺相如留给自己的印象。

③同桌共学：筛选观点，交流依据，填写卡片。

④全班交流，品评蔺相如形象。

组织学生运用多种方式谈谈蔺相如给自己留下的印象，让学生做到能围绕中心词说出依据。交流中学生可借助朗读表达感受，可借助关键词句谈谈对人物的理解，也可以结合课外了解的资料补充对人物的看法。

(2)依据学情，小结提升。

小结：可见，蔺相如的的确确靠的是一张嘴，但透过这张嘴，我们看到的是他的"勇敢机智"。

【设计意图：虽然本单元将"提高阅读速度"作为核心训练目标，但不意味着这个单元的教学时时处处都要求学生提高阅读速度。如本课当中的"蔺相如、廉颇给你留下怎样的印象？结合具体事例说一说。"这就需要学生细细品味，不宜单纯追求阅读速度。因此，本环节教师就与学生共同提炼出"在连词成句的阅读中，聚焦人物描写，感悟人物形象"的学习方法，学生在阅读中梳理观点与材料，有中心、有条理、重证据地表达，使速读与精读得到有机结合，提高阅读的效率。这就体现出了用策略阅读的好处，学生才可能在今后的自主阅读中自觉实践策略，从而形成良好的阅读习惯，做高效的阅读者。】

(四)对比阅读，丰实人物形象

(1)对比蔺相如前后表现，探寻背后的原因。

对比蔺相如面对廉颇时的不同表现，感悟其"国家利益高于一切"的情怀。

(2)引出《史记》原文，深化蔺相如人物形象。

【设计意图：在上一环节的阅读中学生初步感悟到蔺相如"勇敢机智"的人物形象后，本环节引导学生再次聚焦人物的不同表现，在学生思维的矛盾处质疑，让学生在分析、梳理、探究中明白这"胆小如鼠"背后的原因，感悟蔺相如"顾大局、识大体"和"以国为重"的大智慧，以此来发展学生的比较、推断等能力，促进学生逻辑思维能力的发展。】

(五)课外实践，巩固阅读策略

(1)基础性作业：继续运用"连词成句"的方法默读"渑池会面"，记录所用时间，继续品读蔺相如的人物形象。

(2)选择性作业：选择适合于自己的《史记》版本，制订阅读计划，记"阅读日记"。

【设计意图：阅读速度的提高不是一蹴而就，更不是有了方法、策略就能运用自如。因此，教师很有必要在课后借助一定的阅读材料培养学生运用策略的意识和基本能力，并让学生在之后的语文学习中不断迁移运用，这样学生才有可能形成能力。此外，建议学生记"阅读日记"，引导学生高质量完成整本书的阅读，以此作为"整本书阅读"评价过程中的有力推手，使阅读的"质"与"量"齐头并进。】

第十一章

文言文类文体价值的教学探索

第一节　文言文类文体的特征

"文言文"是相对于"白话文"而言的，但区别于"白话文"，是中国古代的一种由书面语言组成的文章，主要包括以先秦时期的口语为基础而形成的书面语。

春秋战国时期，用于记载文字的物品还未被发明，记载文字用的是竹简、丝绸等物，而丝绸价格昂贵、竹简笨重且记录的字数有限，为了能在"一卷"竹简上记下更多的事情，就需要将不重要的字删掉。可以说"文言文"是世界上最早的文字记录"压缩"格式。

后来当"纸"大规模使用时，统治阶级的来往"公文"使用习惯已经定型，会用"文言文"已经演变成读书识字的象征。第一个"文"，是书面文章的意思。"言"，是写、表述、记载等意思。"文言"，即书面语言，"文言"是相对于"口头语言"而言的，"口头语言"也叫"白话"。最后一个"文"，是作品、文章等意思，表示的是文种。"文言文"的意思就是指"用书面语言写成的文章"。

而"白话文"的意思就是"使用常用的直白口头语言写成的文章"。在我国古代，要表述同一件事，用口头语言及用书面语言来表述，是不同的。如，想问某人是否吃饭了，用口头语言表述，是"吃饭了吗?"而用书面语言进行表述，就是"饭否"。"饭否"就是文言文，这里的"饭"作动词用，意思为吃饭。我国古代所有的文章都是用书面语言写成的。

所以，现在我们一般将古文称为"文言文"。其特征是以文字为基础来写作的，注重典故、骈俪对仗、音律工整且不使用标点，包含策、诗、词、曲、八股、骈文、古文等多种文体。

第二节　文言文类文体的价值

文言文作为中国传统文化的重要组成部分，承载着中华民族的文化遗产和历史记忆。然而，由于现代社会的发展和变革，很多学生对文言文产生了陌生和迷茫感。他们认为学习文言文是一件艰难且枯燥的任务，却不理解它的重要性和意义。

一、帮助学生加深对汉语语言的理解和掌握

文言文是现代汉语的重要组成部分，它的语言形式更加古雅、正统和规范。学生通过学习文言文，能够更好地了解现代汉语的语言形态、语法和阅读习惯，并在理解和表达现代汉语时游刃有余。此外，学习文言文还可以帮助学生拓展词汇量和培育语感，提高语言表达和阅读理解能力。

二、帮助学生了解中国传统文化和历史

文言文是中国传统文化的重要贡献之一，学生可以通过文言文了解中国古代的思想、品德、道德规范和政治历史，进一步加深对中国传统文化的认知和理解。此外，文言文中还有大量与民俗、风土、生活习惯等方面相关的特殊术语和词汇，学生通过学习文言文，可以更好地掌握这些术语，了解中国传统文化的多样性和深刻程度。

三、帮助学生发展跨学科的能力和思维

文言文在形式和内容上比较复杂，需要学生具备较强的阅读、翻译和理解能力，并能够将其运用于不同的题材和领域。因此，学习文言文是一

个跨学科的过程，需要学生兼顾古代汉语、哲学、文学等方面的知识。同时，文言文中有很多对现代人的启示和思考，学生可以通过学习文言文来拓宽思维视野，培养跨学科思考的能力。

四、加深学生对中华民族的认同感和自豪感

文言文是中华民族历史和文化的重要载体，学习文言文有助于加深学生对中华民族文化底蕴的认识和了解，培养学生对民族文化的自豪感和自信心。学生可以通过文言文了解中华民族的传统美德、礼仪、智慧和精神，从而找到自己奋斗的方向和对民族的责任感。

第三节 文言文类文体教学的误区

文言文的学习对于许多学生来说是有一定难度的，年级越高篇幅越长，这也就意味着文言文学习的挑战性越大。然而，很多教师为了应付考试，在小学文言文教学中存在一些误区，值得我们思考。

一、字字精准加寻章摘句

几乎所有的考试，凡涉及默写填空，多一字，少一字，错一字，概不给分，哪怕这一字改动无关紧要，哪怕改动后的这一字与原文相比毫不逊色。几乎所有的考试，凡涉及默写，都是摘取部分名篇中的名句填空。于是，从教师到学生都知道，背诵全篇课文远不如背诵部分名句来得划算，只要在临考前几天，把名篇中的名句死记硬背下来就可以了，即便是高考也可以用这一法子。

二、词句翻译加章法讲解

文言文教学"解经"之风盛行，许多教师认为教文言文用不着备课，只要拿着教师用书，将参考译文对着课文串讲一遍，然后稍带讲解一下文章思想内容和写作手法，最后让学生在作业本上将课文翻译一遍，就足够应付考试了。

三、动画观赏加空泛讨论

漂亮的多媒体课件声色俱全，色彩绚丽的画面，悦耳动听的音乐，现代版的近乎搞笑的动画，给学生的心理和感官带来极大的刺激和享受。但是，文本深远的意旨、醉人的情韵受到画面的框定，潜心读书被看图说话代替，语言的体验变成了脱离文本的空对空讨论，课文尚未捂热，就开始所谓的拓展、延伸、探究，可谓"皮之不存，毛将焉附"。

总之，阅读是学生的个性化行为，只有亲历语文，学生才能真正体验到文字之美，这是多媒体技术无法包办和代替的。我们应该让学生面对白纸黑字，发挥充分的想象，涌动情感的急流，闪耀思维的灵光，触摸作者的心跳和灵魂，再现文本栩栩如生的形象和令人心旌摇荡的情景，感受文本精妙的语言和深邃的思想，完成个人独特的阅读体验。

第四节　文言文类文体教学的策略

《义务教育语文课程标准(2022 年版)》在总目标中指出："感受语言文字的美，感悟作品的思想内涵和艺术价值，能结合自己的经验，理解、欣赏和初步评价语言文字作品，丰富自己的情感体验和精神世界。"作为一名小学语文教师，不仅要让学生感受语言美，还要让他们了解祖国悠久的历史文化。入选统编版小学语文教科书的文言文大多是短小精悍、内涵丰富的小古文，它们凝聚了中华民族几千年来的智慧，是我国古代优秀文化的宝贵遗产。那么，我们如何根据文言文的特性进行教学，让小学生喜欢上小古文呢？其实，现代文与文言文是一脉相承的，二者之间是"源"与"流"的关系。我们不仅要让学生感受到文言文的特点，还要激发学生学习文言文的兴趣，探究文言文的学习方法，为他们终身学习打下扎实的基础。

一、品读文字，丰富语言积累

入选统编版教科书的文言文言简意赅，寓意深远，值得细细品味。因此，教学文言文时，教师可以引导学生聚焦字词，品味内涵，丰富语言积累。

(一)古今对比，辨析字义

文言文中，有些字词随着时间的推移，由原来表示的对象逐渐转移到另外一种对象上，古今字义的差别比较大。因此，教师要引导学生在阅读文言文时准确辨析这种区别，避免出现乱读、误读的现象，否则将直接影响对整篇文言文的理解。如五年级上册《古人谈读书》一文中"学而不厌"的"厌"，在现代文中的意思是"不喜欢"，而在文本中的意思却是"满足"。又如古人说"走"，表示的意思是"跑"，与我们现在"走路"的意思是不一样的。可以说，有些字词的古今用法已经发生了很大的变化。因此，在文言文教学中，教师要引导学生准确辨析，记住词义之间的区别，这样才能更好地理解文本。

(二)字理探究，理解字义

文言文字词古今异义现象经常出现，如《伯牙鼓琴》这篇课文，文中"志在太山"的"志"的意思是"心里想的、希望的"，而现在的意思主要指"志向、志愿、志气、意志"。那么，我们如何在文言文教学中处理好古今异义的问题呢？笔者认为最好的办法就是汉字溯源，帮助学生掌握汉字的古义，特别是汉字的本义。笔者以教学《伯牙鼓琴》一文中的"善"字为例，谈谈自己的思考。

师：同学们，"善哉乎鼓琴，巍巍乎若太山"中的"善"是什么意思？

生：我认为这里的"善"应该是"善良"的意思。

师：我们先不急着回答，先来看看古人是怎么创造出这个"善"字的。(课件出示"善"的造字变化：甲骨文—金文—篆文—隶书—楷体)同学们，你们看"善"字的甲骨文上半部是"羊"，下半部指目，眼睛。合起来表示眼神安详温和，所谓"慈眉善目"。也就是说，"善"字的本义指神态慈祥，语言亲切。后来，人们把这个字引申为形容词，表示友好的、慈爱的(如善良)，表示美妙的、吉利的(如尽善尽美)；又引申为名词，表示一种义举、义行(如积善)；还引申为动词，表示使办妥、美满(如善始善终)；还引申为副词，表示好好地、能干地、擅长于(如善辩)。

师：(指向刚才回答的学生)看完"善"字的演变过程，你认为这里的

"善"还是"善良"的意思吗？（学生摇摇头）那你认为这里的"善"应该是什么意思？

生：我认为这里的"善"应该是"好"的意思。

师：因此，这一句"善哉乎鼓琴"中的"善哉"是一个词语，要连在一起读，不能断开，这样才能让人听得明白。（课件出示：善哉乎/鼓琴，巍巍乎/若太山。）（学生自由练读）

以上教学中，教师通过展示"善"的字理及演变过程，将识形、释义及准确断句完美结合起来，帮助学生理解了"善"的本义。

（三）联系旧知，弄懂字义

回顾旧知识不仅可以巩固基础，还能为进一步学习做好铺垫。因此，在文言文教学中，教师可以引导学生联系之前学过的类似语言现象，消除对文言文字义理解的陌生感，从而达到触类旁通弄懂字义的目的。如《杨氏之子》这篇文言文，教师在引导学生理解题目"之"的意思时，可以让学生联系四年级上册《精卫填海》一文中"炎帝之少女"的"之"和四年级下册《铁杵成针》一文中"问之"的"之"，让他们在回忆之前学过的旧知识的过程中，理解"杨氏之子"的"之"的意思是"的"。这样，学生通过前后勾连类似的语言现象，就能达到融会贯通的效果，并能准确弄懂汉字的意思。

二、链接经典，挖掘学习资源

当前，不少教师总感叹现行教材中文言文太少，而且学习文言文表达的资料更是少之又少。然而，纵观统编版小学语文教科书，其实很多成语故事是来自文言文的名篇的。如："水滴石穿"这个成语故事选自《汉书》，"揠苗助长"这个成语故事选自《孟子》……因此，我们可以在学习完这些成语故事后，趁势拓展古文版的原文，让学生进行文白对照，发现文言文表达上的特点。

如教学五年级下册《杨氏之子》这篇课文时，在学生掌握了借助注释、查找工具书、结合插图、联系上下文学习文言文的方法后，教师告诉学生本文选自《世说新语》，并向学生介绍了这本书中还有很多有趣的故事，如泰山桂树、割席分坐、范宣受绢等。学生一听，兴致立刻高涨，纷纷表示想阅读《世说新语》中有趣的故事。于是，教师利用课件及时出示文言文《管中窥豹》，很快大部分学生能凭借之前看过的故事和借助注释轻松读懂《管中窥豹》这个故事的大意，体验到成功的喜悦。结果，他们还想接受更大的挑战。于是，教师出示学生从没有接触过的文言文《徐孺子》，学生便开展小组合作学习，并借助文末的注释，又将这个故事成功翻译成白话文。可以说，在这个教学过程中，学生在教师的层层引导下，通过自己"跳一跳"摘到了自学文言文的"果子"，他们对文言文的喜爱之情就更深了。

三、创设情境，感受表达趣味

孔子认为，知之者不如好之者，好之者不如乐之者。可见，兴趣才是最好的老师。因此，在教学中，我们有必要创设各种不同的情境，让学生在模仿表达中，感受文言文的趣味。

（一）对话，拉近文言文距离

师生之间的平等对话，不仅能调动学生的学习热情，还能让他们感受到文言文表达的妙处。如五年级下册《杨氏之子》这篇课文，笔者在引导学生理解题目后，便直接走向一位李姓的男生身边问道："你姓李，那么别人会怎么称呼你呢？"李姓学生应声答曰："李氏之子。"于是，我及时向学生渗透文言文表达的特点："你们看，文言文的表达就是这样精练。"随后，笔者又来到一位张姓的女生身边问道："你姓张，那么别人又会怎么称呼你呢？"张姓女生应声答曰："张氏之子。"可张姓女生刚一说完，全班同学都哈哈大笑起来。这位女生先是一愣，但马上意识到自己回答错了，赶紧纠正道："不对，我是女生，应该是张氏之女才对。"我笑着感叹道："你们看，文言文的表达就是这样准确，一字之差，差之千里。"笔者通过这样的对话开场白，拉近了学生与文言文的距离，让他们惊喜地发现，现代人同样也可以用文言文的形式进行自我介绍。

（二）表演，感受文言文韵味

学生平时的表达与文言文的语言形式相差甚远，因此，教师可以让学生通过朗读表演故事，模仿文中的人物进行文言文对话，感受文言文的韵味，加深对课文的理解。如六年级下册《两小儿辩日》这篇课文，在教学这一课时，笔者发现学生在朗读中经常会出现拖沓、语气平淡的现象。于是，笔者在教学中创设多种形式的辩日场景，让学生现场模拟辩斗，体验文言文之"趣"。首先，学生同桌之间进行互相辩斗；接着，让两名学生到台上进行辩斗；然后，笔者和一名学生进行现场辩斗；最后，全班同学一起互相辩斗。在辩斗的过程中，笔者让学生不断加快语速，学生的情绪自然愈来愈高昂，课堂语势就会层层推进，趣味盎然。这样的教学让学生在不知不觉中爱上了文言文。

(三) 仿写，巧用文言文表达

古人云："读书百遍，其义自见。"可见，文言文只要多读，就能熟读成诵，还能知道书中的意思。但这还不够，我们还要引导学生模仿文言文的语言形式进行表达。如《伯牙鼓琴》这篇课文，在教学"方鼓琴而志在太山，锺子期曰：'善哉乎鼓琴！巍巍乎若太山。'……志在流水，锺子期又曰：'善哉乎鼓琴！汤汤乎若流水'"一句时，笔者让学生在"读—释—悟"语言之妙后，创设了这样的对话情境：

师：大山也罢，流水也好，善于鼓琴的伯牙，无论弹奏什么，善听的锺子期都能听出其中的奥秘，这就是——（生：伯牙鼓琴，锺子期听之。）

师：同学们，"伯牙鼓琴，锺子期听之。"伯牙还会"鼓"什么呢？（课件显示：志在_____，锺子期曰："善哉乎，_____。"让我们也来学古人一起说说吧。

生：志在清风，锺子期曰："善哉乎，习习乎若清风。"

生：志在明月，锺子期曰："善哉乎，皎皎乎若明月。"

生：志在绿草，锺子期曰："善哉乎，萋萋乎若绿草。"

通过以上教学，学生在情境中模仿表达，不仅体会到"伯牙鼓琴，锺子期听之"的意思，还训练了思维表达能力，并最终内化为自己的语言。

四、链接文化，拓展文化视野

文言文，是中华民族几千年文化积淀的重要载体。因此，教师可以让学生联系现实生活、结合历史资料、拓展课外阅读等，帮助学生打开中华民族优秀传统文化的大门,让他们沉浸其中,感受文言文经典的魅力。

(一)联系生活,拉近距离

文言文与学生的生活实际有一定距离,学习起来难度较大。因此,教师可以引导学生将文言文与现实生活结合起来,拉近文本与现实之间的距离,消除陌生感。如三年级下册《守株待兔》这篇文言文,教师可以先引导学生借助注释读懂课文;接着,让学生结合文本内容说说农夫为什么会被宋国人笑话,从中得出"做事不能不劳而获"这一观点;然后,教师可以让学生根据这一观点,联系生活实际,讨论交流生活中是否也存在这样一些现象,拉近文本同生活的距离;最后,让学生再次结合文本内容,弄明白做事要靠自己的努力,脚踏实地。

(二)结合资料,攻克难点

文言文创作的年代比较久远,与现代的社会背景存在比较大的差异,学生理解起来有一定的困难。因此,教师可以通过搜集相关的背景资料,帮助学生攻克学习难点。如《伯牙鼓琴》这篇文言文,很多学生对"伯牙破琴绝弦,终身不复鼓琴"不理解,认为友人去世,完全没有必要毁坏自己心爱的乐器。这时,教师就可以结合课后"资料袋",让学生从中了解"知音"和"高山流水"的意思以及有关伯牙、锺子期的传说故事,帮助学生了解背景知识,理解伯牙失去"知音"那种万分悲痛的心情。在此基础上,教师还可以让学生结合自己的阅读经验,说说自己的交友观,体会真挚的友情、伟大的友谊必将传颂千古。

(三)拓展阅读,感受文化

文言文是中国古代历史文化的重要载体,承载着厚重的文化内涵。因此,教师在教学文言文时,要充分发挥文言文的教育作用,拓展相关的阅读资料,引导学生感受中华优秀传统文化。如五年级上册《少年中国说(节选)》这篇文言文,教师可以结合注释和资料,帮助学生读懂文本内容;接着,可以结合课后思考题,帮助学生厘清少年中国和中国少年之间的联系;然后,可以引导学生查找资料,了解各行各业为实现强国梦而奋斗的杰出典型人物，感受中华民族自强不息的奋斗精神；最后，还可以引导学生拓展阅读梁启超《少年中国说》全文以及《饮冰室文集》，体会作者的毅力、学识和魄力，从而明确自己为实现中国梦所要担负的责任和使命。

总之，语文教师要认真研读教材，深入思考文言文教学的落脚点，努力探索合适的教学策略，突破文言文教学的瓶颈，让学生在文言文学习中了解经典文化的价值所在，并传承弘扬中华优秀传统文化。

第五节 《自相矛盾》教学设计

一、课文简说

《自相矛盾》是统编版小学语文教科书五年级下册的一篇文言文，选自《韩非子·难一》，讲述了楚国有个卖盾和矛的人，他在夸耀自己的盾和矛时，理由前后抵触，不能自圆其说。这一故事告诫人们说话做事要前后相应，不要自相矛盾。本文篇幅短小，语言精练，读来很有趣味，给人留下许多想象的空间。

《自相矛盾》是第六单元的第一篇课文，本单元以"思维的火花"为主题，语文要素是"了解人物的思维过程，加深对课文内容的理解"，教师应引导学生在把握课文内容的基础上，进一步了解文中人物解决问题的思维过程，从而培养学生根据具体情况思考问题、解决问题的意识。

本文是一篇文言文，语言凝练且不好断句，有些词语的意思比较生僻，学生理解起来有难度。所以，教师在教学中要以读贯穿始终，通过结合注释、联系上下文、猜测等方法理解文言文的意思，引导学生在读中理解，在读中感悟，从而推测人物的思维过程。

二、教学目标

(1)读准"鬻、夫、吾、弗"等字音，正确、流利地朗读课文。

(2)通过联系上下文、猜测、组词等方法，了解文言文的大概意思。

(3)探究楚人的思维过程，了解"其人弗能应也"的原因，体会寓意。

（4）感受中华传统文化之美，在学生心中种下传承中华传统文化的种子。

三、教学重点

正确、流利地朗读课文，了解文言文的大概意思。

四、教学难点

探究楚人的思维过程，了解"其人弗能应也"的原因，体会寓意。

五、教学过程

课前谈话：故设"矛盾"

（1）自我介绍，故设"矛盾"。

（2）讨论交流，发现"矛盾"。

【设计意图：师生分别用文言文进行自我介绍，通过互动增进师生之间的亲密感，教师介绍自己时故意设置"矛盾"点，引导学生探究，激发学生学习热情。同时，也为接下来的课文学习打下基础。】

（一）揭题导入，初识"矛""盾"

（1）揭题。猜一猜这是什么字。（课件出示"矛""盾"两个字的象形文字图片。）

（2）板书课题，指导书写"矛"和"盾"。

（3）观察"矛"和"盾"，知道它们的特点。

【设计意图：通过字理识字认识"矛"和"盾"，知道两者是相对立的事物，为理解课文意思做好铺垫。】

（二）文本初读，走近"矛""盾"

（1）指名尝试朗读课文，相机正音。

重点强调：鬻（yù）、夫（fú）、吾（wú）、弗（fú）。

（2）示范读。

（3）齐声读。

【设计意图："读书百遍，其义自见。"本环节从学生的实际出发，给学生充分读的空间，通过自由读、指名读、范读、齐读等多种朗读方式，激发学生阅读文言文的兴趣，把学生带入到语言文字的情境之中。同时让学生在读熟课文的基础上，体会文言文的节奏美，为深入理解课文做好准备。】

(三) 创设情境，夸耀"矛""盾"

(1)指名说文章的主要内容。

(2)运用联系上下文理解字词的方法，突破难点。

重点指导"鬻""弗""立"。

(3)创设情境，读好楚人卖盾与矛的句子。

(4)关注"何如"，理解围观者的话，指导朗读。

【设计意图：引导学生对照注释，用上各种方法揣摩句意，理解文本，将文言文逐步转化为白话文。学生既理解了文义，又掌握了理解文言文字义的方法。】

(四) 走近路人，深思"矛""盾"

(1)以围观者的思维，明白"其人弗能应也"的原因。

①议一议：如果真的"以子之矛，陷子之盾"，结果会怎样？

②小组汇报，师小结：

a.矛刺穿了盾——矛锋利，盾不坚固。

b.矛刺不穿盾——盾坚固，矛不锋利。

c.矛弯盾穿——矛不锋利，盾也不坚固。

d.两皆安然——盾坚固，矛不锋利。

③理解"夫不可陷之盾与无不陷之矛，不可同世而立"。

(2)如果此时你也在现场，你想对这个卖矛和盾的人说些什么？

(3)拓展延伸：生活中还有哪些自相矛盾的现象呢？

【设计意图：在学生读熟读懂文言文后，引导学生以围观者的思维，合作探讨"其人弗能应也"的原因，通过设计"假如你此时在现场会对楚人说什么？"这一问题，引导学生明白寓意，紧接着让学生思考生活中类似的例子，加深学生的阅读感悟。】

(五)拓展延伸,回味"矛""盾"

(1)配乐读。

(2)介绍作者,推荐课外阅读书籍《韩非子》。

【设计意图:在反复诵读的过程中,学生既可以理解文意,又能感受到文言文的魅力,从而产生浓厚的兴趣,能够把对优秀传统文化的吸收变成一种自觉的行为。学生从读通到读懂,最后熟读成诵,达到了"其词若出吾之口,其情若生吾之心"的境界。】

(六)作业设计

1. 基础性作业

(1)如果你是这个楚国人的朋友,如何帮助他改正错误呢?请对他说一段话,并用手机拍摄成视频,发送到学习平台,与大家分享你的劝说词。

(2)将《自相矛盾》这个故事讲给家人或同学听。

2. 拓展性作业

(1)感兴趣的同学可以去读一读《韩非子》这本书,感受中国传统文化的魅力。

(2)尝试运用本节课的方法阅读《郑人买履》,完成文后习题。

【设计意图:这一环节的设计,主要是让不同层次的学生都能有效完成作业,并对文言文产生浓厚的兴趣,把推广优秀传统文化当作一种自觉的行为。】

第十二章

古诗词类文体价值的教学探索

第一节 古诗词类文体的特征

古诗词言简意丰,具有凝练和跳跃的特点,用极为有限的诗句表达尽可能多的意思,其最大的特点可用一个字来概括——美:意境美、语言美、音乐美、形美。

一、意境美

意境美指诗中所描绘的生活画面与作者思想感情融为一体而形成的艺术境界的美,正如人们常说的:"诗中有画,画中有情。"作者选取最富有特征的具体事物,或最有意义的场景,或最有典型的感受来言志抒情,以启发读者展开丰富的想象,去领会意境与情感,并从中受到熏陶。

二、语言美

语言美指古诗的语言凝练、生动形象,常常运用夸张、比喻、象征等多种手法再现大自然的美、社会的美和艺术的美。如"飞流直下三千尺,疑是银河落九天""欲穷千里目,更上一层楼""野火烧不尽,春风吹又生"这些诗句,读来令人感到美不胜收。

三、音乐美

音乐美指古诗的押韵和节奏。古诗音韵和谐，节奏鲜明，所以读起来琅琅上口，听起来声声悦耳，产生了音乐美。

四、形美

形美指古诗的形式美与形象美。例如杜甫的《绝句》："两个黄鹂鸣翠柳，一行白鹭上青天。窗含西岭千秋雪，门泊东吴万里船。"这首古诗对仗工整，显示了形象美。

第二节 古诗词类文体的分类

统编版小学语文教科书中的古诗词从诗歌内容和表现形式的角度分析，主要可以细分为山水风景、活动叙事、言志哲理三大类。

一、按诗歌的形式分类

（1）古体诗，包括古诗（唐以前的诗歌）、楚辞、乐府诗。注意"歌""歌行""引""曲""吟"等古诗体裁的诗歌也属古体诗。古体诗不讲对仗，押韵较自由。古体诗的发展轨迹：《诗经》→楚辞→汉赋→汉乐府→魏晋南北朝民歌→建安诗歌→陶诗等文人五言诗→唐代的古风、新乐府。

（2）近体诗，包括律诗和绝句。

（3）词，又称为诗余、长短句、曲子词等。其特点：调有定格，句有定数，字有定声。字数不同可分为长调（91字以上）、中调（59~90字）、小令（58字以内）。词有单调和双调之分，双调就是分两大段，两段的平仄、字数是相等或大致相等的，单调只有一段。词的一段叫一阕或一片，第一段叫前阕、上阕、上片，第二段叫后阕、下阕、下片。

（4）曲，又称为词余、乐府。元曲包括散曲和杂剧。散曲兴起于金，兴盛于元，体式与词相近。其特点：可以在字数定格外加衬字，较多使用口语。散曲包括小令、套数（套曲）两种。套数是连贯成套的曲子，至少是两曲，多则几十曲。每一套数都以第一首曲的曲牌作为全套的曲牌名，全套必须同一宫调。

二、按诗歌的题材分类

(一)写景抒情诗

写景抒情诗指歌咏山水名胜、描写自然景色的抒情诗歌。古代有些诗人由于不满现实，常寄情于山水，通过描绘江湖风光、自然风景寄寓自己的思想感情。这类诗常将要抒发的情感寄寓在描写的景物之中，这就是人们常说的寓情于景。其风格清新自然。

(二)咏物言志诗

咏物言志诗指诗人对所咏之物的外形、特点、神韵、品格进行描摹，以寄托诗人自己的感情，表达诗人的精神、品质或理想。

(三)即事感怀诗

即事感怀诗指因一事由而引发诗人的感慨，如怀亲、思乡、念友等。

(四)怀古咏史诗

怀古咏史诗指以历史典故为题材，或表明自己的看法，或借古讽今，或抒发沧桑变化的感慨。

(五)边塞征战诗

边塞征战诗描写边塞风光和戍边将士的军旅生活，或抒发将士们乐观豪迈或相思离愁的情感，风格悲壮宏浑，笔势豪放。

第三节　古诗词类文体的价值

针对不同类别的古诗词，教师要采取不同的教学策略进行教学，这样才能教出古诗词的文体价值。

一、山水风景类古诗词，以诵读想象为主

这类古诗词内容上最大的特点是通过优美的语言意象，呈现美好、壮丽的山水风景。学好这一类古诗词，不仅能让学生领略古往今来文人墨客眼中祖国河山的壮美，还能感受到古诗词独特的语言魅力，提高人文修养。如二年级下册《咏柳》一诗，在平易浅近、自然天成的 28 个字的诗句中，一幅春天柳枝随风舞动的图景跃然纸上，想象丰富，构思精巧，言浅意浓。又如二年级下册《绝句》一诗，通过"黄鹂""翠柳""白鹭""青天""雪""船"等意象描绘了一幅动静结合的早春图，还赋予此画鲜明的色彩，展现了早春的生机与活力。因此，教学此类古诗词要以诵读想象优美的诗句为主，应指向诗词中用最简文字、最美意象整体呈现的人、物、景、图。

二、活动叙事类古诗词，以理解体味为主

这类古诗词内容上最大的特点是从诗句表面上可以读出一个"故事"、一个活动场面或者一个流动的瞬间。这类古诗词要么通过悠然洒脱的活动历程，再现古代文人墨客豪放潇洒的风姿；要么通过人物的典型细节，再现儿童的天真和童趣；要么通过历史事件中诗人的"言行举止"，再现主人公喜怒哀乐的复杂情怀。如四年级下册《四时田园杂兴》一诗，通过"耘田""绩麻""种瓜"等一系列的细节描写，传神地再现了乡民的勤劳和小孩的天真、可爱。又如三年级下册《嫦娥》一诗，通过描写嫦娥室内、室外的环境，渲染空寂清冷的气氛，表现主人公孤独寂寞的心情，也表达了诗人的孤寂心情。因此，教学此类古诗词要以理解体味诗句为主，应指向诗句中的细节、活动和"言行举止"。

三、言志哲理类古诗词，以拓展积累为主

这类古诗词可细分为两种类型。一种是托物言志类，不直接表露自己的思想、感情，而是以客观世界中的具体事物（如景物、动物或植物等）为描写对象，采用象征等手法来抒发感情、寄寓抱负的诗歌。如六年级下册《石灰吟》一诗，借石灰喻人，表现诗人为国尽忠、不怕牺牲的意愿和坚守高洁

情操的决心；又如《竹石》一诗，借岩竹喻人，表现诗人不向任何邪恶势力低头，也赞扬了那些在曲折恶劣的环境中，战胜困难，面对现实，像岩竹一样刚强勇敢的人。另一种是富有哲理类，通过对具体事物的描述、议论，来寄寓或阐发某种哲理的诗歌。如四年级上册借景说理的哲理诗《题西林壁》，用"当局者迷，旁观者清"的生活哲理，告诉读者要对事物有全面的认识，就必须站在客观的立场上。因此，教学此类古诗词要以感悟表达为主，应指向诗句的拓展积累，内化于心。

第四节　古诗词类文体教学的策略

《义务教育语文课程标准(2022 年版)》在各个学段的目标要求中都注重培养学生对古诗词的"情感体验"，这种情感体验既要发生于对诗词本身的充分理解，又要助力于对诗词的审美欣赏，从而架起一座由"解诗"到"赏诗"的桥梁。然而，受到小学生的学习能力和语言习惯的影响，我们的古诗词教学仍然在"晦涩枯燥"中挣扎。因此，教师要以学情为主，致力于消解古诗词与当下课堂的隔阂，寻找陶冶学生文化心性的正道。

一、参照课标，厘清学段目标

《义务教育语文课程标准(2022 年版)》对低、中、高不同学段的古诗词教学提出了具体的学段目标，而且目标的侧重点呈螺旋式梯度上升。因此，教师只有清楚认识了这些目标，才能在不同学段的古诗词研备、目标定位和言语实践中，做到心中有底，既不缺位，又不越位。

(一)展开想象，感受优美语言

《义务教育语文课程标准(2022 年版)》对第一学段诗文教学提出了这样的要求："诵读儿歌、儿童诗和浅近的古诗，展开想象，获得初步的情感体验，感受语言的优美。"这一学段的学生识字量少、语言积累薄、理解能力差，但他们想象丰富、记忆力强。基于这样的学情，本学段所选的古诗词内容都比较浅显，形象生动，以五言绝句为主。如一年级《画》《静夜思》《池上》、二年级《登鹳雀楼》《夜宿山寺》等。因此，本学段古诗词教学，教师应以"诵读想象"为主要教学形式，在诵读中引导低段学生借助故事、图画等媒介想象古诗词描写的情景；在诵读中初步感受古诗词渗透出来的独特的节奏、对仗、押韵等优美的言语形式和丰富的情感。

(二)体验情感，领悟丰富内容

《义务教育语文课程标准(2022年版)》对第二学段诗文教学提出这样的要求："诵读优秀诗文，注意在诵读过程中体验情感，展开想象，领悟诗文大意。"这一学段的学生经过两年的小学语文学习，识字量明显增加，理解能力不断增强，情感体验逐渐丰富，语言感悟能力逐步提升。基于这样的学情，本学段所选的古诗词内容的数量和难度有所增加，由五言绝句逐步过渡到七言绝句。如三年级上册《夜书所见》《望天门山》、三年级下册《咏柳》《春日》、四年级上册《题西林壁》、四年级下册《望洞庭》等。因此，本学段古诗词教学，教师应注重引导学生借助注释、插图、课后资料袋等学习资源，运用想象画面的策略，实现大体说出诗词大意，并初步体会诗人情感的目标。

(三)品读语言，体味内容情感

《义务教育语文课程标准(2022年版)》对第三学段诗文教学提出这样的要求："背读优秀诗文60篇(段)，注意通过语调、韵律、节奏等体味作品的内容和情感。"这一学段的学生语言积累更加丰富，理解性记忆能力增强，语言的感悟力和情感较一、二学段有了质的飞跃。基于这样的学情，本学段所选的古诗词的数量和难度也有了一定的增加。如五年级《长相思》《清平乐·村居》、六年级《春夜喜雨》《闻官军收河南河北》等。因此，本学段古诗词教学，教师要引导学生紧扣关键诗句和诗歌意象想象古诗词的意境，借助注释较为熟练地描述诗歌大意，借助意境和资料，体验诗情，并入情入境地背读古诗。

如此厘清学段目标，便能准确把握古诗词的教学点，由点到线，由线到面，逐步建立学生学习古诗词的系统。

三、多维整合，层层体验感悟

(一)诵读，感受音韵之美

1.诵读想象

山水风景类的古诗词都会选择自然界中的动物、植物、山水等作为描写的对象，整首诗形象生动，最大的特点是"诗中有画""诗画合一"，浑然一体。因此，教学此类古诗词，应以诵读想象作为教学重点。如二年级下册《晓出净慈寺送林子方》一诗，选取水天相接"无穷碧"的"莲叶"，与"映日"衬托下的"荷花"，一"碧"一"红"，在鲜明对比中表现六月西湖如画的美景。教师可以将教学重点放在感受诗中巧妙选景(碧叶、红花)和景物色彩鲜明对比(一"碧"一"红")的表达上，落在诵读诗句，整体想象如诗如画的美景上。至于诗人杨万里复杂的送别隐喻的写法，对二年级的学生来说则无须了解，更不必过度渲染和深析。

2.诵读体味

故事叙事类的古诗词一般都是通过典型的细节描写、传神的动作刻画和"异常的行为"来表现，再现小孩的天真童趣、诗人的豪放潇洒、文人墨客的悲喜之情。因此，教学此类古诗词，应以整体品读体味诗句中典型的细节、传神的动作和异常的举止作为教学重点。如四年级《黄鹤楼送孟浩然之广陵》一诗，应将教学重点落在"西辞""下扬州""碧空尽""天际流"这组"送别词语"上，通过诵读体味诗人当时在一片美景之中送别友人，别有一番滋味在心头，美景令人悦目，送别却令人伤怀，以景见情，含蓄深厚，有如弦外之音，达到使人神往、低徊遐想的艺术效果。

3.诵读感悟

言志哲理类的古诗词主要通过具体的"物象"隐喻诗人的人生志向和人生哲理。因此，教学此类古诗词，应在整体诵读的基础上，将理解诗中具体"物象"的隐喻作为教学重点。如六年级下册《石灰吟》一诗，应将教学重点落在借石灰自喻上,落在诗人通过借喻来表现人生志向上。通过整体诵读,感悟诗句表面上是赞美石灰即使粉身碎骨也毫不惧怕,甘愿把一身清白留在人世间的美德,实际上是借石灰自喻,表达自己为国尽忠、不怕牺牲的意愿和坚守高洁情操的决心。这与高年段学生的学情(理解力、感悟力有了质的提升)是相吻合的。

(二)理解,赏析意境之美

对于古诗词诗意的理解,除了联系上下诗句、图文结合,还可以引导学生运用"扩充、转换、咀嚼"的方法对关键词,尤其是"诗眼"进行品味、感悟。

1. 扩充

对于诗句中浓缩语义的单音词,教师可以引导学生扩展成双音词或多音词来解释,使词义更加具体准确,便于理解。如三年级上册《望天门山》一诗,"天门中断楚江开"的"开"、"碧水东流至此回"的"回",可扩展为现代汉语的"拦腰劈开"和"回旋澎湃"之意,再通过想象,让学生品味天门山的雄奇壮观和江水浩荡奔流的气势。

2. 转换

古诗词中有不少词的意思已经发生变化或用法不同,影响了学生对诗词的理解,因此,教师要引导学生进行词义转换才能准确品味。如三年级下册《嫦娥》一诗,"云母屏风烛影深"的"深",按现代汉语来理解为夜深沉的意思,但无法与烛影联系起来解读。这时,教师必须联系古汉语来分析"深"还有暗淡的意思。这样一转换,学生就容易理解诗人借云母屏风烛影深(暗淡),来描述嫦娥思念人间而彻夜难眠的冷清情境。

3. 咀嚼

古诗词中有不少富有哲理、意蕴深长或形象传神的关键词,教师要引导学生展开想象,多角度细心咀嚼。如四年级下册《渔歌子》一词,"斜风细雨不须归"的"归",古今义都有"回家"的意思,但为什么不想回家呢? 可引导学生联系诗句"西塞山前白鹭飞"理解为诗人对美景的留恋,也可联系诗句"桃花流水鳜鱼肥"理解为诗人对美食的垂涎，还可以延伸为诗人的淡泊之情和对大自然的喜爱……对"归"的反复咀嚼，可充分理解品味诗人因为风景好，喜欢过着悠闲自在的生活淡泊之情，从而准确感悟、体验全诗的内在情感。

(三) 积累，储蓄语言之美

"背诵"是小学阶段语文学习一以贯之的要求，其实就是为了"积累"。因此，学生在已有一定的古诗词积累量时，应该要有更高层次的追求，不应停留在纯粹的记诵层面。正如《中国诗词大会》所呈现的图景一般，"会背"只是基础，"融会于心"才是更高的境界。也就是说，古诗词的积累，不单单是积累语言，更是积累思想，积累文化，如此积累才是对优秀传统文化最好的传承。

以教学五年级《泊船瓜州》一诗中的"春风又绿江南岸，明月何时照我还"这一句为例，教师应先以诗为本，让学生反复诵读诗句，想一想可以用什么词语来替换诗中的"绿"。此时，学生可能会回答"到、过、入、满"等，教师再回归原句，激发学生思考："诗人为什么用绿？"经过讨论，学生很快就明白，绿是江南春天的象征，不仅表明"绿色"，还有"吹绿了"的意思，将春风拟人化，更增添了动态美。为了让学生更好地感悟内化这句诗的内涵，教师可以继续发问："春风，从你的脚边开始，一直吹到哪里？""视线再放远一些，再远一些……你能用诵读来表达你脑海中的感觉吗？能把春天美景的生动形象、富有色彩感和感染力的描绘记在脑海中吗？"如此，诗句便深深烙印在学生的记忆里。接着，教师可设计主题，让学生在情境中加深积累。以一幅月色图为背景，创设这样的情境活动："远离故土的人们，总会思念自己的家乡，这是人世间最美好的感情。现在，让我们把视线从江南转移到各地，从不同诗人的视角感受思乡之情，请细细品读。"伴随着"露从今夜白，月是故乡明""独在异乡为异客，每逢佳节倍思亲""海上生明月，天涯共此时"等诗句的呈现，教师留给学生这样的问题："这些诗人都是在什么样的情况下写下思乡诗句的？与《泊船瓜州》中的这一句一样吗？"在学生细细思考的过程中，教师继续给出与四个诗句相对应的画面或语境描述，让学生"送诗句回家"。这样的语文实践，使诗句悄然化作"词语"进入学生

"词库"，供其随心调遣运用。此类拓展记诵练习给学生足够的时间和自主，使积累效率提高，也让学生收获"厚积薄发"的成就感。

当然，诗词积累能力的培养可以多尝试以上这种主题打包法，但要注意适量、适度和适时三个原则。适量，指的是要根据学生接受能力实际来科学设定补充诗词的数量，不能急于求成。适度，指的是拓展的次数不宜过于频繁，否则不利于学生对诗句的玩赏感悟，也不利于教学收放自如。适时，指的是拓展时要注意时机的选择，而不是每个诗句、每首诗都适合主题拓展，千万不要牵强附会，不能逾越学生的认知规律。

总之，古诗词的教学方法很多，但从学生学习的角度来看，教师必须准确给古诗词分类，清晰了解这一文体的学段教学目标，使学生在诵读、理解、积累的螺旋上升的言语实践中，不断厚积经典语言，逐步提升语文核心素养。

第五节　《古诗三首》教学设计

一、课文简说

《古诗三首》选自统编版小学语文教科书六年级下册，其中《寒食》这首诗用白描手法写实，刻画皇室的气派，充溢着对皇都春色的陶醉和对盛世承平的歌咏。

开头第一句"春城无处不飞花"。"春城"指春天里的都城长安；"飞花"即花瓣纷纷飘落，点明暮春季节；"无处不"，用双重否定构成肯定，进而写出整个长安柳絮飞舞、落红无数的迷人春景。第二句"寒食东风御柳斜"，是写皇宫园林中的风光。"御柳"是指御苑里的柳树，当时风俗寒食日折柳插门，清明这天皇帝还要降旨取榆柳之火赏赐近臣，以示恩宠。所以，诗人在无限的春光中特地剪取随东风飘拂的"御柳"。

诗的前两句写的是白昼，后两句则是写夜晚："日暮汉宫传蜡烛，轻烟散入五侯家。""日暮"就是傍晚；"汉宫"是借古讽今，实指唐朝的皇宫；"五侯"一般指东汉时，同日封侯的五个宦官。这里借汉喻唐，暗指中唐以来受皇帝宠幸、专权跋扈的宦官。这两句是说寒食节这天家家都不能生火点灯，但皇宫却例外，天还没黑，宫里就忙着分送蜡烛，除了皇宫，贵近宠臣也可得到这份恩典。诗中用"传"与"散"生动地刻画出一幅夜晚走马传烛图，使人如见蜡烛之光，如闻轻烟之味。寒食禁火，是我国沿袭已久的习俗，但权贵大臣们却可以破例点蜡烛。诗人对这种腐败的政治现象做出委婉的讽刺。

这首诗善于选取典型的题材，引用贴切的典故对宦官得宠专权的腐败现象进行讽刺。虽然写得很含蓄，但有了历史典故的暗示，和中唐社会情况的印证，读者还是能了解诗的主题的。

《迢迢牵牛星》这首诗借神话传说中牛郎、织女被银河阻隔而不得会面的悲剧，抒发了女子离别相思之情，写出了人间夫妻不得团聚的悲哀。

此诗写天上一对夫妇牵牛和织女，视点却在地上，是以第三者的角度观察他们夫妇的离别之苦。开头两句分别从两处落笔，言牵牛曰"迢迢"，状织女曰"皎皎"。迢迢、皎皎互文见义，不可执着。牵牛也皎皎，织女也迢迢。他们都是那样的遥远，又是那样的明亮。但以迢迢属之牵牛，则很容易让人联想到远在他乡的游子，而以皎皎属之织女，则很容易让人联想到女性的美。如此说来，似乎又不能互换了。如果因为是互文，而改为"皎皎牵牛星，迢迢河汉女"，其意趣就减去了一半。诗歌语言的微妙于此可见一斑。称织女为"河汉女"是为了凑成三个音节，而又避免用"织女星"这三个字。上句已用了"牵牛星"，下句再说"织女星"，既不押韵，又显得单调。"河汉女"就活脱多了。"河汉女"的意思是银河边上的那个女子，这种说法更容易让人联想到她是一个真实的女人，而忽略了她本是一颗星。不知作者写诗时是否有这番苦心，反正写法不同，艺术效果亦迥异。总之，"迢迢牵牛星，皎皎河汉女"这十个字的安排，可以说是最巧妙的安排而又具有最浑成的效果。

这首诗一共十句，其中六句都用了叠音词，即"迢迢""皎皎""纤纤""札札""盈盈""脉脉"。这些叠音词使这首诗质朴、清丽，情趣盎然。特别是后两句，一个饱含离愁的少妇形象若现于纸上，意蕴深沉风格浑成，是极难得的佳句。

《十五夜望月》是一首中秋之夜望月思远的七言绝句，这首诗每两句为一层意思，分别写中秋月色和望月怀人的心情，展现了一幅寂寥、冷清、沉静的中秋之夜的画面。此诗以写景起，以抒情结，想象丰美，韵味无穷。在民俗中，中秋节的形成历史悠久。诗人望月兴叹，但写法与其他中秋咏月诗完全不同，很有创造性，甚至更耐人回味。

"中庭地白树栖鸦"，明写赏月环境，暗写人物情态，精练而含蓄。"树栖鸦"这三个字，朴实、简洁、凝练，既写了鸦鹊栖树的情状，又烘托了月夜的寂静。"冷露无声湿桂花"，紧承上句，借助感受进一步渲染中秋之夜，描写了冷气袭人、桂花怡人的情景。

"今夜月明人尽望，不知秋思落谁家。"这两句采取了忽然宕开的写法，从作者身边一群人的望月联想到天下人的望月，又由赏月的活动升华到思人怀远，意境阔大，含蓄不露。"落"字新颖妥帖，不同凡响，给人以生动形象的感觉，仿佛那秋思随着银月的清辉，一齐洒落人间。

这首诗意境很美，首先给人的印象是情景如画，用苏轼的话来说就是"诗中有画"。诗人运用形象的语言，丰美的想象，渲染了中秋望月的特定的环境气氛，把读者带进一个月明人远、思深情长的意境，加上一个唱叹有神、悠然不尽的结尾，将别离思聚的情意表现得委婉动人。

二、教学目标

（1）能有感情地朗读古诗《寒食》《十五夜望月》，背诵古诗。

（2）借助注释等相关资料，理解诗意，能想象诗中描绘的画面，体会诗人表达的情感。

（3）了解诗中涉及的寒食节和中秋节的习俗，感受中华传统文化的内涵。

三、教学过程

（一）激趣导入，重温习俗

1. 游戏激趣

师：根据提示猜一猜是哪一首古诗。（课件出示：爆竹、屠苏、新桃、旧符）说说这首诗写的是哪个传统节日，为什么。

师：继续猜古诗。（课件出示：雨纷纷、欲断魂、登高、插茱萸）这首诗写的又是哪个传统节日？为什么？

2. 揭示课题

师：这节课，我们将再次通过诗歌走进传统节日，领略节日文化，一起学习《古诗三首》。

师：快速浏览这三首古诗，你能发现哪几个传统节日吗？（寒食节、中秋节、七夕节）

【设计意图：通过游戏的形式，激起学生学习古诗的兴趣，为更好地完成此次活动做准备。通过了解传统节日，为后边的古诗学习做好铺垫。】

（二）结合资料学习《寒食》，了解习俗

(1) 借助资料，了解诗人。

(2) 借助资料，认识节日。

①自由朗读古诗，读准字音，读通句子，说说你对寒食节有哪些了解。

②指导朗读古诗，重点正音"御、柳、斜"，同桌互相检查朗读。

③交流对寒食节的初步了解。

预设1：借助注释了解寒食节。

（寒食节一般在清明节前1~2天。这一天禁火，不能生火做饭，只吃冷食，所以叫寒食节。这个节日是怎么来的呢？据说与春秋时期的晋文公和介子推有关。）

预设2：借助资料了解"传蜡烛"的习俗。

（补充：传蜡烛，宫中要传赐薪火。）

(3) 借助注释，读懂大意。

①自由朗读，借助注释，说说诗歌大意。

②交流诗意。

(4) 想象画面，感受习俗。

①想象"春城风光图"。

a. 自由朗读第一、二句诗，说说你的眼前仿佛出现了一幅怎样的画面。

b. 比较体会"飞花"之妙。有人认为第一句的"飞花"不符合实际，应该改成"开花"或者"落花",你怎么看?

(预设:"飞花"的动态感更加强烈,更能表现出春城的勃勃生机。)

c.朗读体会"无处不"之强烈。引导学生体会"无处不"的双重否定用法,能够更加突出全城都已沉浸在浓郁的春意当中。

d.借助资料体会"御柳"之妙。引导学生思考诗人为什么要写到"御柳"。

(预设:寒食日要折柳插门,取的薪火也往往是榆柳之火。"御柳"暗中呼应了节日习俗。)

e.描绘"春城风光图",有感情地朗读第一、二句诗,抓住"飞""斜"读出动态美。

②想象"走马传烛图"。

a.自由朗读第三、四句诗,抓住"传""散"想象画面。

b.交流反馈这两句诗的大意。

c.小结:"传""散"这两个动词生动地刻画出一幅夜晚走马传烛图,使人如见蜡烛之光,如闻轻烟之味。

d.引导学生再次诵读,体会情感。

(5)背诵古诗,小结学法。

①朗读背诵《寒食》。

②小结学法:①借助注释读懂大意;②想象画面感受习俗;③朗读背诵体悟情感。

【设计意图:让学生借助资料和注释,了解古诗大意,并让他们在想象画面中感受习俗。这一环节的教学,不仅教给学生学习古诗的方法,还让他们感受到古诗蕴含的丰富情感。】

(三)迁移学习《十五夜望月》,体会诗情

(1)合作学习古诗。交流诗歌大意及画面、中秋习俗及诗人情感。

(2)全班交流汇报。

①这首诗在《全唐诗》中名为《十五夜望月寄杜郎中》,是诗人思念朋友之作。

②想象第一、二句诗的画面,体会诗人孤寂之感。

（预设：关注"中庭地白"，联系《静夜思》，发现诗人所见，想象"中庭地白"的清冷；关注"树栖鹊"，联系生活，发现诗人所闻，想象月夜的寂静；关注"冷露无声"，体会诗人借景抒情的孤寂。）

③抓住"人尽望"，感知写法。感知诗人以己度人的写法，深入体会诗人"月明人远、思深情长"的情感。

④抓诗眼，体会情感。抓住诗眼"落"，通过朗读体会其动态之美，体会诗人那绵绵不尽的愁思。

⑤回顾表达思念之情的诗句。

（3）朗读背诵古诗《十五夜望月》。

【设计意图：叶圣陶先生提出"教是为了不教"的教育思想。教师引导学生运用学习《寒食》的方法，迁移学习《十五夜望月》这首古诗，从而达到学以致用的最终目的。】

（四）比较朗读，读出感受

（1）比较朗读。自由朗读两首诗，说说这两首诗给你的感受有什么不一样。

（2）交流反馈。

（预设：《寒食》一诗描绘了落英缤纷、柳絮飞舞的美好春景图，又有走马传烛、轻烟袅袅的承平气象，全诗充满了动态美；《十五夜望月》则展现了一幅寂寥、冷清、沉静的中秋月夜图，诗人凝神遥望，思念友人，全诗体现了静态美。）

（3）再次朗读，读出不一样的诗歌意境之美。

（4）搜集古诗。课后搜集其他有关传统节日和习俗的古诗。

【设计意图：让学生在比较两首古诗中，发现古诗不同的描写方法，感受不一样的诗歌意境之美；同时拓展有关传统节日和习俗的古诗，丰富学生的情感体验。】

第十三章

散文类文体价值的教学探索

第一节　散文类文体的特征

散文是与诗歌、小说、戏剧并称的一种文学体裁，指不讲究韵律的散体文章，包括杂文、随笔、游记等，主要通过文字来表达作者的感受和思考，不拘泥于特定的写作方式，可以是叙事、抒情或议论。其具有三方面的特点：一是感受的真挚、新颖与自然。正如巴金所说，作者是把心交给读者。这是散文最基本的特点。二是题材和样式的多样化。散文在材料的使用和表现的形式上，有着远远超出其他文体的更多、更大的自由。这是散文相当重要的一个特点，其他任何文学体裁都无法与之相比。三是语言的生活化。散文语言又被人称为娓语体、家常体。所谓娓语、家常语，都是说散文的语言具有口语化的特点，散文语言和语言表达的这个特点，与散文主要是抒发人生感受有着密切的关系。

另外，散文以记叙、抒情、论理等表达方式为主。

一、叙事散文

叙事散文或称记叙散文，以叙事为主，叙事情节不求完整，但很集中，叙事中的情渗透在字里行间。侧重于在叙述人物和事件的发展变化过程中反映事物的本质，具有时间、地点、人物、事件等因素，从一个角度选取题材,表现作者的思想感情。

二、抒情散文

抒情散文,指以描绘景物,抒发作者对现实生活的感受、激情和意愿的散文。它注重表现作者的思想感受,抒发作者的思想感情。这类散文有对具体事物的记叙和描绘,但通常没有贯穿全篇的情节,其突出的特点是强烈的抒情性。

三、哲理散文

哲理,是感悟的渗透、思想的火花、理念的凝聚、睿智的结晶。它纵贯古今,横亘中外,包容大千世界,穿透人生社会,寄寓于人生百态、家长里短,内涵丰厚、耐人寻味。

第二节 散文类文体的价值

散文,给学生带来的是视觉的吸引、想象的美好、情感的丰盈,是对美的多重体验。

一、增强儿童审美情趣

儿童对世界的观察是直接的,他们总是被事物新颖的外观、明艳的色彩等鲜明的特征吸引。儿童的这种直观力不仅表现在对事物的感知上,也表现在他们的思维上。儿童时期正是形象思维特别活跃的阶段,他们对具体、形象的事物、材料更感兴趣、更易理解,他们有着很强的形象记忆力,会进行丰富的想象。写景散文对于景物的描写,更是抓住景物的形态、色彩等外显特征,抓住景物的品格、神韵等内在气质。因此,阅读散文,有助于增强儿童的审美情趣。

二、促进儿童言语智能发展

在语文课堂教学中,学生通过阅读文本获得文本所承载、传播的信息,并且发现作者是如何通过文本来实现信息的传播的。只有对文本语言背后的表达意图、表达方式进行探究，才能真正促进学生言语智能的发展。特别是写景散文运用比喻、拟人、排比等手法，具体、形象地表现描写对象的特点；运用动静结合、视听结合、虚实结合等手法，立体、多元、生动地展现描写对象的韵味；运用情景交融、寓情于景等写法，灵动、自然、充分地表达自己的情感。从一处景、一件物发现作者的语言特色，读懂作者那时那刻的心境与情思，儿童的言语智能就在阅读中慢慢地得到发展。

三、提升儿童人文素养

在散文中，作者往往通过意象化、情意化的语言来抒发自己的真情实感，这些真情实感往往包含着作者对自然、对人生、对社会的思考。从一篇优秀的散文中，学生可以读到作者的兴致和情趣，可以读到作者的胸襟和气度。如《鸟的天堂》这篇课文，学生学完后，就会对自然、对生命多一份热爱；又如学完《乡下人家》这篇课文，学生就会追求不一样的生活。而这些，正是人文素养的核心——对人类生存意义和价值的思考。

第三节　散文类文体教学的误区

散文写作风格独特，具有特殊的文学魅力和教学价值。然而，在实际的阅读教学中，不少教师存在文体不分、教学内容选择失当等问题。

一、过度注重"形散神不散"的阐释，忽略对文本个性的追求

传统的散文教学，大多数教师千篇一律地教"形散而神不散"。事实上，对于作品主旨的理解，不同时代的人或是同一时代不同的人，甚至是同一个人处于不同心境之下，对作品这一"神"的理解，可能都是有所不同的。且不论这种教法的对错，就教师"千篇一律"的教学行为而言，不能让学生的思维水平得到提高，学生的思维总在一个水平面上滑行。时间一长，学生对散文的阅读兴趣也会大大降低。因此，把"一篇"散文教得像"一类"散文，或将所有散文教成同一类散文，不考虑当下阅读文本的具体特性，是当

前散文教学的一大误区。

二、过度注重对文章内容的阐释，忽略了表达经验的积累

很多教师每看到一篇课文，就会教学生对文章内容进行阐释：看到朱自清的《背影》就是讲父爱，看到梁晓声的《慈母情深》就讲母爱……文章是读不完的。如果散文阅读教学只关注文章内容的阐释，那么，语文教学必然是耕了别人的田，荒了自己的地。语文教科书中的散文，大都饱含着作者的人生智慧、人文精神，学习语文课程中的这些人文精华，是语文课堂上的应有之义。但也必须看到，语文课程教学的独当之任，还必须落实在培育学生正确理解与运用祖国语言文字的能力上，落实在对散文语言的鉴赏与品析上。理解这些表达经验，积累这些表达经验，以及在运用中模仿和创新这些表达经验，才是散文教学的真正落脚点。然而，这些表达经验的积累，却常常被教师忽视。

第四节　散文类文体教学的策略

一些教师不能准确把握散文类文体特征和核心知识，导致课堂上无法精准定位散文类课文的阅读价值，致使其美感未能彰显。那么，在散文类课文教学中如何把握阅读价值，让学生获得审美体验呢？

一、借助想象，感受散文画面之美

优美的散文，意境隽永，具有丰富的审美价值。因此，教师要善于引导学生借助想象的翅膀，使散文画面之美完全展现在学生面前。

如三年级下册《荷花》这篇课文，处处流淌着美的画面：一进公园的大门就闻到荷花的香味，走进公园看到千姿百态的荷花，置身其中作者就幻想自己也成了一朵荷花……作者是怎样把这些画面写美的？这就需要教师引导学生通过想象链接生活情境，将静态的文字转化为动态的场景，缩短与文本的距离。比如以"想荷花"为切入点，教师可以引导学生从文中找出优美生动的语句，让学生边读边想象画面，想象看到的、听到的，或把自己

当作画中人或景来想象。之后，同桌之间互相交流、分享。这样，学生就可以开启五官去看、去听、去想。于是，学生就可能"看"到碧绿的荷叶，"看"到不同姿态的荷花，"听"到小动物们歌唱的声音……如此，一个个抽象的文字就会变成一幅幅鲜活的立体画面。

二、细读品味，体会散文语言之美

散文的语言具有朴素、自然、流畅、简净等特点，较其他文体情感更丰富、更细腻、更真挚。因此，教师要引导学生咬文嚼字，品味散文语言之美。

比如六年级上册《草原》这篇课文，作者在第 1 自然段中用优美的语言写出了草原的迷人风光，但很多学生对草原的认识不多，对草原的美感受比较空洞。这就需要教师引导学生细读品味语言。首先，教师可以先让学生找出描写草原美的语句，如"那些小丘的线条是那么柔美……又想坐下低吟一首奇丽的小诗"这句话，让学生说说哪里直接写草原景色，哪里写作者的感受。学生细读文本后，就会发现第 1 句直接写草原景色，第 2 句写作者的感受。接着，让学生细读第 1 句，想一想从哪些词语可以体会到草原景色的美。学生读后，可能找到"柔美""渲染""翠色欲流"等词语。这时，教师可以引导学生说说这些词语是什么意思。如"翠色欲流"的意思是翠绿的颜色好像就要流淌出来，教师追问为什么会流淌出来，而学生可能回答整个草原都是绿色的。于是，教师可以接着引导：在这样的境界里，你最想做什么？通过充分的言语实践，学生不仅懂得关联词语"既……又……"的作用，还感受到了草原的静态美和动态美，培养了审美情趣。

又如四年级《走月亮》这篇课文，语言精妙、别致，富有诗意，其中第 4 自然段的语言更是独具魅力，传递着丰富而细腻的情感。这就需要教师引导学生理解、品析语言，感受文章的语言美。首先，让学生有感情地朗读课文，再从课文中找出优美生动的语句。如"细细的溪水，流着山草和野花的香味，流着月光……"教师可以让学生说说从这句话中看到了什么样的画面。这一问题将学生的思维由文本拉向了他们的生活，学生能透过优美的文字感悟到一幅动态的、有声音的、有香气的画面。然后，教师让学生讨论具体是从哪些词语中感受到的，学生可能就会发现从"细细""流水"等词语中感受到画面的美。这时，教师让学生再细读句子，他们就会带着头脑中的画面美美地读课文了。

三、诵读涵泳，领略散文情感之美

散文，有着诗一般的情韵和行云流水般的美，蕴含着作者对自然、生活、生命等的体验。因此，教师要引导学生在诵读涵泳中感受作者表达的情感，达到文我相融、情我相同的境界，领略散文情感之美。

如五年级《搭石》这篇课文，处处流淌着美的画面，蕴藏着作者对美的体验。因此，在教学第 1 自然段时，教师可以先指导学生带着"什么是搭石及搭石的作用"这一任务来学习课文。然后，以探寻"表达美"为切入点，带领学生重点研读"走搭石"部分，并采用合作朗读的形式，让学生在配合中体验走搭石"协调有序"的美。如"踏踏的声音，像轻快的音乐；清波漾漾，人影绰绰，给人画一般的美感"这句话，可以通过个别读、小组读、师生合作读等多种形式，引导学生读出美的画面。接着，在学习"摆搭石""让搭石"时，教师可以让学生通过自由阅读、边读边批注、小组读、配乐读等不同形式，让学生在朗读中亲近文本语言。这样，在多种形式朗读中，学生就能感受到乡亲们纯朴、勤劳、善良的美好心灵。

类似地，三年级上册《秋天的雨》是一篇抒情意味很浓的散文，同样可以让学生在"读"中更近地触摸作者独特的"心"，从而引起情感共鸣。首先，让学生自由朗读课文，说说课文从哪些方面描写秋天的雨。然后，让学生找出喜欢的语句，练习有感情地朗读。如"它把红色给了枫树，红红的枫叶像一枚枚邮票，飘哇飘哇，邮来了秋天的凉爽"，可以先让学生说说从中读懂了什么，再重点指导"飘哇飘哇"这个词语，让他们通过朗读充分感受到炎热的夏天走了，凉爽的秋天来了。最后，让学生在配乐朗读中，再次亲近文本语言，抒发对秋雨的喜爱。如此，学生不仅感受到美的语言、美的画面，也体会到作者对秋天的雨的喜爱之情。

四、习得写法，体验散文表达之美

散文往往"形散神聚"，行文看似闲庭信步、漫不经心，实则是围绕一个中心来写的。因此教师要引导学生以体悟文本表达之美为主线，习得写作方法，体验散文表达之美。

如四年级下册《乡下人家》这篇课文，作者用简洁明快、活泼风趣的语言描写了屋前瓜架、鲜花嫩竹、鸡鸭觅食、院落晚餐、月夜虫鸣这五幅迷人的风景画。那么，作者为什么能够把乡下人家描写得如此美丽呢？这就需要教师引导学生探寻作者表达的秘妙了。首先，教师可以让学生围绕课题展开质疑："什么是乡下人家？""乡下人家是什么样的？"此时，学生提出的一系列问题大多停留在浅层思维，教师可以相机出示课文插图，让学生感受乡下人家的风光美，从而产生阅读期待。然后，通过"问内容""问表达""问作者"等方式，引导学生对问题作深入思考："乡下人家有这么多美丽的景物，作者为什么只选取这五幅画面来写呢？"如此一来，学生通过想象，抓住关键语句，感受乡下人家的画面美，初步体会课文表达的思想感情。同时，也掌握作者的表达方法，并试着写自己喜爱的某个地方，表达自己的真实感受。

又如五年级上册《桂花雨》这篇课文，主要是回忆故乡童年时代的"摇花乐"和"桂花雨"，字里行间弥漫着作者淡淡的思乡之情。作者为什么借桂花雨来表达自己的思乡之情呢？教师可以让学生自读课文，了解课文的主要内容，并围绕"琦君爷爷为什么借助桂花雨来表达对故乡的思念"展开教学。首先，引导学生通过想象，感受摇桂花和桂花雨的画面美，从表层理解为什么要写桂花；然后，启发学生品味摇花时的所思所想，体验"桂花雨"的感人场景；最后，让学生学习作者的表达方法仿写一种事物，表达自己的感情。这样，学生就能在迁移运用、审美创造的同时，深刻体会作者借物抒情、抒情写意的表达之美。

第五节　《挑山工》教学设计

一、课文简说

《挑山工》是统编版小学语文教科书四年级下册第七单元的最后一篇课文，也是唯一的略读课文。语文要素是"从人物的语言、动作等描写中感受人物的品质"。这是四年级上册"通过人物的动作、语言、神态体会人物的心情"的升级版，旨在引导学生由体会人物心情走向感受人物品质。

本篇课文是作家冯骥才写的散文，主要写作者在登山过程中遇到挑山工，发现他虽然身挑重物，走的路程大约比游人多一倍，但速度并不慢，总是不声不响地从游人身旁走过，悄悄地走到前头去了。由此，作者获得了启示。课文通过对挑山工语言、动作和外貌的描写，表现了挑山工脚踏实地、吃苦耐劳、坚持不懈的精神。本单元围绕"人物品质"这一主题，编排《古诗三首》《"诺曼底号"遇难记》《黄继光》《挑山工》四篇课文，落实"从人物的语言、动作等描写中感受人物的品质"这一语文要素。本文作为略读课文，教师可引导学生关联上学期和本单元已有的阅读经验，迁移学习方法运用。创设"平凡人物不平凡"报社招募小记者情境，为学习提示中"说说挑山工是怎样登山的""联系上下文说说其中包含了怎样的哲理"两个问题的解决提供具体路径与脚手架。通过品读挑山工的动作描写、语言描写、对比描写和外貌描写，体会挑山工朴素的话语中包含的哲理，感受人物品质。

经过四年级上册的学习，学生已能围绕人物的动作、语言、神态，体会人物的心情，体会作者的情感变化、传神的描写，在"不理解的地方做批注"，在"体会比较深的地方做批注"，并梳理总结批注的方法与作用。在前三课的学习过程中，学生已经初步学会抓住人物的语言、动作去感受人物的品质，去表达对人物品质的理解、对人物崇高精神的敬佩。但学生对于感悟品质的方法还较难独自尝试完成，对于方法的学习是否真正内化成知识技能还无从得知。本节课旨在引领学生通过小组合作的方式运用并掌握感受人物品质的方法，促进语文要素的扎实落地，内化成自我的语文知识技能。

二、教学目标

(1)以"了解登山特点"为任务，小组合作绘制"折尺图"，抓关键词句并为挑山工登山视频做解说，能够清楚复述挑山工登山过程。

(2)以"感受人物品质"为任务，迁移运用旧知，发现并感受挑山工脚踏实地、吃苦耐劳、坚持不懈等品质。

(3)以"品味话中哲理"为任务，小组合作联系上下文填写游客和挑山工对比表格，理解挑山工的话中包含的哲理，联系作者经历，进一步感受挑山工精神。

(4)明白伟大不在于做出多少惊天动地的业绩，而在于是否拥有并秉持可贵的品质。发现身边的平凡人物不平凡，从课内延伸到课外，尝试从多个方面写出人物特点。

三、教学过程

课前谈话：创设任务情境

过渡：同学们，"平凡人物不平凡"报社正在招募小记者，看看谁能通过挑战，成为一名小记者，获得小记者证。

(1)出示小记者招募要求。

(2)播放微课视频，回顾前三课学习方法。

【设计意图：设置"平凡人物不平凡"报社招募小记者驱动任务，将"知识学习"转化为"学习任务"，该任务贴合学生生活实际，能有效地转化为语文实践活动经验，促使学生快速转换角色，走进课文情境，聚焦核心价值的学习内容。通过微课的形式，回顾本单元感受人物品质的方法，为课文的学习做铺垫。】

任务一：明确略读要求，走向挑山工

过渡：今天，就让我们一起走近本期采访人物。（齐读课题：挑山工）

(1)观看图片，了解挑山工。

(2)明确学习任务。

【设计意图：以采访人物的方式走近挑山工，形式新颖有趣，符合报社名称特点。出示挑山工登山的照片，进一步加深对挑山工身份的了解。结合略读课文的特点，明确本课学习任务，为后面的学习情境和任务创设提供可行的依据。】

任务二：了解登山特点，走近挑山工

过渡：完成三个挑战任务，解决课文的两个问题，就能获得小记者证书。先来看看第一关——了解登山特点。（出示评价标准）

(1)出示学习要求：默读课文，思考挑山工是怎样登山的，圈出关键词句,想想从中体会到什么,在旁边做上批注。小组合作完成学习单第一题。

①理解并画出"折尺形"路线。

a. 学生交流反馈。

b. 观看登山视频。

c. 修改完善学习单。

②观看视频,找到并填写登山动作的词语。

a. 学生交流反馈。

b. 修改完善学习单。

③借助学习单,为挑山工登山视频做解说。

(2)再次出示评价标准,进行任务评价。

【设计意图:以了解采访对象为切入点,借助学习单和登山视频解决"挑山工是怎样登山的"问题,从而走近人物。为视频做解说既提高了学生找关键词的能力,也训练了学生的复述和表达能力。】

任务三:感悟人物品质,走进挑山工

过渡:第一关我们了解挑山工的登山特点,走近了采访对象。接下来这关,我们继续挑战,请看本关评价标准。(出示评价标准)

(1)引导学生抓住动作描写,感受挑山工吃苦耐劳等品质。

(2)每位组员运用本单元学习的感受人物品质的方法,填写"文中关键词语""感悟到的品质"两张卡片,交流讨论后选出最具代表性的卡片并张贴在黑板上。

(3)每组代表上台分享交流。

总结:我们用上了这些方法,走近了挑山工,多方面感受到了挑山工的品质。在本单元的"我的自画像"习作中,我们也可以从多方面写出人物的特点。

【设计意图:通过回扣登山动作,联结"动作描写"的方法感受人物品质,并尝试运用其他方法感受人物品质,为本单元的"我的自画像"习作搭建学习支架。借助评价表量化标准,实现"教学评"一致性。】

任务四:品味话中哲理,走入挑山工

过渡:通过第二关,我们走进了采访对象,感受到挑山工优秀的人物品质。接下来这一关,我们将去品味采访对象话中的哲理。(出示评价标

准)文中挑山工说的什么话让作者觉得包蕴意味深长的哲理？(指名范读)

(1)小组合作，完成游客和挑山工行为对比表格。

(2)学生交流反馈，并表达从话中体会到的哲理。全班带着体会齐读。

(3)拓展资料，领悟哲理。

过渡：朴素的话蕴藏着意味深长的哲理，也深深地留在作者心中，影响着他一辈子。

①默读冯骥才创作《挑山工》的背景材料。

②学生交流、初步感受"挑山工精神"。

③回文阅读，寻找印证。(出示相关语句)

④质疑："它"指的是什么？

(4)出示评价标准，进行任务评价。

(5)依据得星情况，颁发小记者证书。

【设计意图：学生转换为小记者身份，品味挑山工的话，增强体验感和情境感。学生联系上下文，完成学习单中的游客与挑山工行为对比图，为体会挑山工话中的哲理做先行性引导。拓展作者资料，学生更能感受到挑山工的话以及品质给作者带来的精神力量。理解层面循环上升，从语言到哲理再到精神力量。】

任务五：任务课后延伸，寻找"挑山工"

(1)出示单元导语罗曼·罗兰的话，回顾本单元学习人物。明白伟大不在于做出多少惊天动地的业绩，而在于是否拥有并秉持可贵的品质。

(2)出示身边平凡人物不平凡的相关照片，引导学生留意生活，发现身边有伟大品格的平凡人物。

(3)运用本单元感悟人物品质的方法，课后完成采访初稿。

总结：同学们认真完成采访初稿后，可以通过完善采访初稿并投稿、画一张采访人物肖像、拍摄采访视频、制作宣传海报等方式向同学、社区和社会传播正能量，也许因为你们的努力，这些品质能成为他人遇到困难时支撑自己的精神力量。完成后发送到老师的邮箱，将有机会再次竞选小记者。

【设计意图：回顾本单元课文人物，升华课文和本单元人文主题，引导学生明白伟大不在于做出多少惊天动地的业绩，而在于是否拥有并秉持可贵的品质。《义务教育语文课程标准(2022年版)》在"文学阅读与创意表达"学习任务群中提出学生应该"结合自己的生活体验，尝试用文学语言表达自己热爱自然、珍爱生命的情感"。联系身边的人发现平凡人物伟大的品格。通过课后撰写身边平凡人物不平凡的采访稿，并再次参与竞选小记者的方式，激发学生学习内驱力。学习任务的设计不是"假把式"，能实现从课内到课外的延伸，也为以后学生真正竞聘小记者等实践活动积累有益经验。借助评价单实现"教学评"一致性，稳步推进本单元习作要素"学习从多个方面写出人物的特点"的落实。】

第十四章

实用类文体价值的教学探索

第一节　实用类文体的特征

实用文是一种客观地说明事物或阐明事理的文体，目的在于给人以知识，或说明事物的状态、性质、功能，或阐明事理，意在解决问题。主要有以下几个特点：

一、知识性

人们之所以要写实用文，是因为要通过这一传播媒介，把用劳动和智慧创造的文明和知识一代代传下去。好的说明文，都能具体详尽地为读者提供某一方面的知识，都能解决诸如"这是什么"或"这是为什么"的问题。如，你即使没有游览过北京故宫，但跟随着说明文《故宫博物院》，你将会有身临其境的感觉，从它壮观的三大殿游到美丽的后花园，都会让你"流连忘返"。强调说明文的知识性，并不排斥其他文体也能给人以知识。事实上许多优秀的记叙文和精辟的议论文同样给人以知识，但是，传授知识并不是它们的主要任务。而实用文则是以传授知识为直接目的的。

二、客观性

其一，作者在写作实用文时，其写作态度是客观的，不管是对实体事物的说明，还是对抽象事理的说明，都必须如实反映客观事物，一般不带主观感情色彩，也不表示作者的倾向价值；其二，文章所介绍的知识必须是符合客观实际的，具备客观的科学性。如：松，松科植物的总称，常绿或落叶乔木，少数为灌木。树皮多为鳞片状，结球果。种属甚多，我国有 10 属 113 种，29 变种。木材用途广。树脂可提松香和松节油等，种子可榨油和食用。这段关于松的说明文，只是对松树的种、属、形状、用途等作了客观如实的介绍，是说明式的语言。作者的态度十分客观，不带任何主观感情色彩；所表达的知识内容符合实际，具有依据。

三、实用性

实用性文本出于日常生活的需要，以解决问题为导向，具有明确的目的性、直观性和可操作性。事实上，诸如工农业生产、商业营销、文教卫生、体育运动、生活学习，哪一方面都离不开实用文。如产品说明，设备保养方法，情报资料，教科书，工具书，各种建筑、人物及风土人情的介绍以及科学小品等等，真是数不胜数。

总之，实用文的用途很多，哪一个领域都有实用文的用武之地。随着科学事业的不断发展，实用文的使用价值会越来越大。

第二节　实用类文体的价值

《义务教育语文课程标准(2022年版)》将"实用性阅读与交流"设为六大学习任务群之一，足见对实用性文体的重视。实用类文本是以真实需要为目的而写的文章，对人们获取信息、解决日常生活和工作中的问题，具有极其重要的作用。特别是对未成年的小学生来说，实用类文本阅读教学更是具有不可代替的价值。然而，部分教师却热衷于追求课堂的热闹，将"课文内容"从文本中割裂下来，将实用性文体当作一般文学作品进行教学，不顾"作者的立场和表达"而使用实物展示、影像视频、质疑辩论等方式进行所谓的拓展，导致一种似是而非的"奇怪的阅读"，完全忽视实用类文体的"阅读价值"，致使实用类文体教学陷入困境。因此，语文教师一定要站在作者、编者、读者、教者的立场，冷静地去审视我们当下实用类文体教学的现状，并充分认识其"阅读价值"，精心设计教学路径，帮助学生提升阅读实用类文体的能力。

一、满足生活需求，帮助学生认识世界

在统编版小学语文教科书中，一共选用了 32 篇实用性文章（其中说明文 13 篇、说理文 2 篇、应用文 17 篇），并随着年级的升高，实用类文体的数量不断增多。这些实用类文章遵循学生的认知特点和能力水平，从学生生活和学习两个角度以由易到难的梯度编排在各个年级教材中，由简单的说明文逐步过渡到复杂的说理文，由一般的应用文逐步过渡到特殊的实用类文体，最终走向综合与运用，体现了为生活需要而写的价值。因此，通过对这些实用类文体的学习，学生不仅可以拓宽了解信息的渠道，满足生活需求；还能看到更广阔的社会生活，更好地认知世界。

二、提升语用水平，丰富学生语言素材

实用类文体与一般文学作品相比，语言较为平实，没有过多的修饰。但实用类文体的语言表达严谨准确，谋篇布局逻辑清晰，有许多语言学习的价值点，如寻物启事、留言条等语言表达简洁明了、缜密准确；倡议书、演讲稿等语言表达富有激情、感人肺腑；日记、书信等语言表达客观真实、情感丰富……因此，教师在指导学生阅读实用类文体的过程中，不仅要让学生感知用词的准确，还要帮助学生理清文章的逻辑，丰富语言素材，提升运用语言的能力。例如：写一份庆"元旦"班级活动策划书，主要指向信息传达和班级事务处理的语用能力；写一份竞选班长的演讲稿，主要指向交际沟通和传递个人信息的语用能力……可以说，阅读实用类文体对提升学生的语用水平有着不可替代的价值。

三、培养思维能力，锻炼学生逻辑思维

《义务教育语文课程标准（2022 年版）》在："课程目标"中指出："思维能力是指学生在语文学习过程中的联想想象、分析比较、归纳判断等认知表现，主要包括直觉思维、形象思维、逻辑思维、辩证思维和创造思维。"一

般文学作品的语言生动形象、富有表现力，能培养学生的形象思维和感性思维；而实用类文体格式规范、语言准确简洁，描写对象时主次分明、信息准确，常用命题或概念等进行推理表达，注重推理的严密性、论据的充分性、解释的清晰性等，能培养学生的逻辑思维和理性思维。因此，教师指导学生阅读实用类文体时，要紧紧围绕推理表达要点，对获得的材料进行整理、归纳、分析，并用表格、导图、视频等方式进行记录，最终提炼出自己所要表达的观点，帮助学生有效锻炼逻辑思维。

第三节　实用类文体教学的误区

实用文是统编版教科书中重要的一种文体，从一年级开始，学生便开始接触此类文体。教材中的实用文，大多精美、通俗易懂，学生阅读起来饶有趣味。然而，在实际教学中，许多教师对实用文的"阅读价值"把握不准，使实用文教学出现了不少问题。

一、偏离目的，忽视获取准确信息

统编版小学语文教科书中，实用类文体大致可分为三类：应用文、议论性质的习作、偏客观的描写事物类习作。这些实用类文体主要是阐释事理、传递信息并且表达观点，给人以知识、启发人的思想的。因此，引导学生阅读实用类文体的目的主要是获取文本中的信息，以及根据需要处理所获取的信息。然而，学生在获取和处理信息的过程中，却存在两个方面的问题：一是偏离目的，获取的信息与任务的要求不相配；二是受到干扰，获取的信息与文本的意思不相符。

以四年级下册《纳米技术就在我们身边》这篇课文为例，这是一篇科普说明文，介绍了什么是纳米技术、纳米技术就在我们身边以及纳米技术可以让人们更加健康等内容。如果教师布置了"从哪里可以看出纳米技术就在我们身边"的任务，学生只要根据"我们身边的纳米技术"这个关键点找准信息就可以。但是，学生可能会按照平时阅读习惯从头到尾重读文本，没有办法直接从文本中找到"我们身边的纳米技术"这个关键点的相关信息，结果就会从"什么是纳米技术""纳米技术体现在哪""纳米技术为什么使人更健康"等方面加以介绍，出现与教师布置的任务不相符的问题。此外，如果文本信息较多，学生还非常容易受到与关键点不相关信息的干扰，出现获取的信息不准确的问题。

二、把握不准，忽视实用文体特征

实用类文体包括留言条、通知、寻物启事、倡议书、演讲稿、研究报告、活动策划等。实用类文体具有内容实用真实、语言表达严谨准确、说明方法巧妙等文体特征，对提升学生的读写能力有较高的阅读价值。然而，在实际阅读教学中，有些教师忽视实用文的体式特征，未能深入挖掘语言分析的着力点，把提升学生言语能力的核心目标丢在了一边。

以六年级上册《只有一个地球》这篇课文为例，这是一篇科学小品文，作者从地球的美丽壮观、资源有限、无法移居、精心保护等几个方面，向我们阐述了"要精心保护地球生态环境"这一结论，全文脉络清晰，而且运用举例子、列数字、作比较等说明方法对这一结论进行解释与说明。但有的教师在教学地球美丽壮观这一部分内容时，发现作者运用比喻的修辞手法生动形象地写出了地球的美丽壮观，于是受到传统教学的影响，沿用一般文学作品的教学方式，只是对文中的重点词句进行品析，让学生简单地感受地球的美丽壮观，而没有把握住科学小品文教学应指导学生透过说明方法为说明观点和说明对象服务的教学重点。

三、浮于表面，忽视培养批判思维

多年来，实用类文体阅读仅被认为是一种获取信息的方式，而获取信息又被简单地理解为记住一些现成的事实性知识，导致学生以为阅读是一件外在于自己的事，而不是为了加深对社会和人生的认识。因此，有些教师在引导学生开展实用类文体阅读时，只是让学生读懂文本传递的信息，注重培养学生"记住"和"理解"文本说明的对象、报道的事实和社会价值观念；而没有将实用类文体与学生的生活实际结合起来，完全忽视了对学生批判思维的培养。

以五年级下册《不可思议的金字塔》这篇课文为例，这是一篇非连续性文本,介绍了最大的金字塔以及建造金字塔时的古埃及。在教学时,有些教师却特别注重对"胡夫金字塔、尼罗河、石窟陵墓、神庙"等知识的理解,以及对金字塔的建造时间、建造材料等表面问题进行探究,导致没有足够时间引领学生探索与金字塔的秘密有关的核心问题。其实,在教学中更要引导学生探索金字塔是如何建成的、金字塔的建成对建筑学有何启发、金字塔的存在有何价值等议题,这些问题更值得教师引导学生深入探索、深度思辨,从而培养学生的批判思维能力。

第四节　实用类文体教学的策略

针对当前小学语文实用类文体阅读教学中存在的问题,我们有必要冷静思考,重新审视实用类文体的"阅读价值",进一步探究建构实用类文体阅读教学的策略,满足学生生活需要,提高其语文核心素养。

一、明确任务,精准把握信息

实用类文体是以真实需要为目的而写的文章,人们可以从中获取信息,解决日常生活和工作中的问题。但在获取和处理信息的过程中,容易偏离目的或受到其他信息的干扰,导致获取的信息不准确。因此,教师在指导学生阅读实用类文体时要帮助学生判断所获取的信息是否与任务要求一致,从而精准把握信息。

(一) 帮助学生明确任务要求

如四年级下册《纳米技术就在我们身边》这篇课文,当教师布置"从哪里可以看出纳米技术就在我们身边"这个任务时,可以引导学生只要根据"我们身边的纳米技术"这个关键点找准信息即可,至于其他信息可以快速跳过。这样,学生就能在阅读文本时直接从第3自然段找到"冰箱""碳纳米管""隐形战机"等信息,感受到"纳米技术"无处不在。

(二)引导学生关联主要信息

如六年级上册《故宫博物院》这篇课文,学生在介绍现存"最大"宫殿时,也介绍了故宫在光绪年间曾发生过火灾。这时,教师就要引导学生排除与"最大"这个关键点无关的信息,在此基础上,让学生再次阅读文本,寻找与"最大"有关的文本信息。学生在关联故宫平面图、文本内容后,就会发现"城墙十米多高""占地七十二万平方米""大小宫殿七十多座""房屋九千多间"等信息都与"最大"宫殿密切相关,从而将主要信息关联起来。

此外,教师还要给足学生阅读实用类文体的时间和空间,让他们根据任务要求多次阅读文本,精准把握信息,提高获取和处理信息的能力。

二、关注文体,训练言语表达

实用类文体主要包括科普文、说明文、议论文、演讲稿、应用文等,是为了传递信息、沟通交流、处理事务而写的文体,具有内容实用真实、语言表达严谨准确、说明方法巧妙等文体特征。因此,教师要根据实用类文体的特征,深入挖掘语言分析的着力点,提升学生语言文字运用能力。

(一)品析语言的准确严谨和体会说明方法的巧妙

科普文、说明文是一种语言准确严谨、逻辑顺序清晰,运用多种说明方法介绍事物或解释现象的实用类文体。因此,教师在指导学生阅读科普文、说明文时,要把语言分析的着力点放在品析语言的准确严谨和体会说明方法的巧妙上,并引导学生学会运用。如教学六年级上册《只有一个地球》这篇课文,教师可以引导学生体会"约""只有""几百万年""几亿年""至少"等词语,感受作者用词的准确性,并从中明白这些词语含有推测的意思;体会运用"打比方"的说明方法,感受地球的美丽壮观;体会运用"列数字""作比较"的说明方法,感受地球的渺小;体会运用"举例子"的说明方法,感受地球资源的有限。

(二)感受语言的关联性、号召性和鼓动性

议论文、演讲稿是一种观点明确、脉络清晰的实用类文体。因此,教师

在指导学生阅读议论文、演讲稿等实用类文体时，要把语言分析的着力点放在语言的关联性、号召性和鼓动性上。如六年级下册《真理诞生于一百个问号之后》这篇课文，可以引导学生体会文章所举的三个例子都是对"真理诞生于一百个问号之后"这一观点的解释和证明；体会议论文是按照提出观点、论证观点、总结观点的逻辑顺序来阐述观点的；体会"无独有偶""更有趣的是"等关联词所表达的逻辑关系。

（三）体会语言的条理性和通俗性

像书信、倡议书、研究报告等应用文是一种处理公私事务时经常使用的实用类文体，教师要把语言分析的着力点放在语言的条理性和通俗性上。如五年级下册《关于"李"姓的历史和现状的研究报告》这篇课文，就是要让学生在阅读过程中掌握撰写研究报告这一实用类文体的方法。因此，教师可以构建一个任务群，让学生知道撰写研究报告的目的、方法、内容等，培养学生关注身边生活现象的意识和习惯。总而言之，教师一定要引导学生认识不同文体的特点，破解语言分析着力点混乱的难题，引导学生实现从语言学习到语言运用的转换。

三、挖掘内涵，发展批判思维

实用类文体阅读教学最重要的目标有两个：一是理解——理解原文的内涵；二是批判——批判原文的内容与形式。可见，实用类文体阅读不能只停留在信息获取、语言分析上，还要引导学生在理解文本的基础上，深入挖掘文本内涵，审辨和批判文本信息，结合自身经验认识世界，走进现实生活。基于此，教师可以引导学生从实用性阅读出发走向实用性写作，发展批判思维能力，满足生活需要。

（一）反思实用类文体的内容形式

在实用类文体阅读教学中，教师要引导学生对实用类文体出现的信息进行判断，对实用类文体介绍的知识进行探究，对实用类文体论述的观点进行批判，帮助学生认识世界，发展批判性思维能力。如五年级下册《不可思议的金字塔》这篇课文，教师要让学生在理解文本中介绍的金字塔以及古埃及科学知识的基础上，再次重读文本，反思文本中提到的议题"金字塔是如何建成的"等，看自己是否有更加深入的体会，是否认同文本中提到的观点。接着，让学生根据自己的兴趣，继续探索"金字塔建成的猜想""金字塔对建筑学的启发""金字塔存在的价值"等议题，尽情发表自己的看法，走进现实生活。此外，教师还可以引导学生反思实用类文体的文本形式，如对文本的结构特点、逻辑顺序、说明方法等进行深入探究。

（二）指向实用类文体的应用价值

实用类文体是为生活、应用、交际而写的，指向学生生活的真实需要，强调学以致用。如应用文，首先要让学生知道这项写作是为了满足谁，有什么样的生活需要。以三年级下册《通知》为例，是为了告知人们参加会议、举行活动等相关事宜；又如议论文，在统编版小学语文教科书中多以写理由的形式出现，主要培养学生甄选事例的能力，如五年级上册《推荐一本书》，是为了向同学推荐好书，学写简单的议论性质的文章；再如说明文，教师同样要先引导学生思考怎样的说明方法才能更好地介绍事物的特点，如五年级上册《介绍一种事物》，是为了让学生通过查找资料并运用恰当的说明方法向别人介绍一种事物……实用类文体与社会生活有着紧密的联系，有着其他文体不可替代的独特价值。因此，教师不仅要引导学生发展语言能力，还要提升学生的思维品质。

总之，实用类文体的阅读价值巨大，在各个社会公共领域得到了广泛应用。因此，小学语文教师一定要冷静思考实用类文体的"阅读价值"，指导学生深入阅读，满足真实需求，提升语言表达能力，写出富有个性、充满智慧的实用文。

第五节　《夜间飞行的秘密》教学设计

一、课文简说

《夜间飞行的秘密》是统编版小学语文教科书四年级上册的一篇科普说

明文，结构严谨，逻辑性强。主要讲了科学家通过反复实验，揭示了蝙蝠能在夜间飞行的秘密，并从中受到启发，给飞机装上雷达，解决了飞机在夜间安全飞行的问题。把科普文安排进提问策略单元，是因为科学类文章介绍的知识，本身就包含着孩子的未知，更容易激发孩子的兴趣和求知欲。

阅读策略单元是统编版小学语文教科书的创新之举，本单元是围绕"提问"编排的阅读策略单元，是继三年级"预测"后的第二个阅读策略单元。运用提问策略进行阅读，有助于改变学生被动阅读状态，培养学生积极思考的习惯，深入理解文本内容。本单元旨在教给学生提问方法，培养学生问题意识，提高学生阅读能力。

本单元的教学任务是要让学生在学习中习得提问的策略，通过提问促进学生对课文的理解，学习提问策略的最终目的是更好、更全面地理解课文，所以课堂上也不能置内容于不顾，为了习得策略而纯粹罗列方法。作为本单元的第二篇课文，《夜间飞行的秘密》承接第一课，继续练习针对局部和全文提问，同时本课更加注重在学生已有的大胆提问的基础上，让学生通过全面深入思考，学习从内容、写法、启示三个不同角度提出问题，帮助理解课文内容，也为第三篇《呼风唤雨的世纪》学习筛选问题做铺垫。

"角度"一词对于初入四年级的学生而言略显陌生。因此感知、梳理提问角度也就成了本课教学的关键。教师借助课后题作为示例，让学生感知、明晰提问的角度；通过对不同角度提问进行归类，梳理从写法角度提问这一难点；最后利用课后阅读材料，让学生尝试从不同角度提出问题，练习巩固多角度提问。

二、教学目标

（1）初读课文，读准"蝙蝠、障碍物"等词语，读准多音字"系"，了解课文内容。

（2）借助范例明晰角度，了解从不同角度提问。

（3）尝试从不同角度提问，初步养成多角度提问的习惯。

（4）迁移运用，巩固不同角度提问的策略。

三、教学重点

学习从内容、写法和得到的启示等多角度提问题，并能够在阅读中运用。

四、教学过程

(一)初读文本知内容，回顾方法初提问

1. 初读课文，了解内容

(1)朗读课文，检查易错读音。
(2)借助词语，了解课文内容。

2. 回顾方法，自读提问

(1)出示课本旁批问题，复习提问方法。
(2)学生默读课文并提问，分享交流，教师整理展示。
【设计意图：准确朗读课文、了解课文内容是学习的基础。重要的示范引领，是学生启迪智慧的桥梁。回顾复习上节课习得的方法，引导学生朝着不同的角度去提问，这也是用好教材的体现。】

(二)借助范例明角度，归类点拨再提问

1. 明晰角度，归类问题

(1)借助课后问题范例，梳理内容、写法、启示三个提问角度。
(2)小组合作，归类问题。

2. 写法点拨，提问分享

(1)学生品读课文精彩内容，交流汇报。
(2)教师引导点拨学生从写法角度提问。
(3)再读文章，尝试从没有关注到的角度提出问题。

3. 解决问题，揭示"秘密"

(1)聚焦课题，揭示夜间飞行的秘密。

(2)通过对比，发现蝙蝠和雷达的联系。

【设计意图：借助课后题，明确提问的角度，让学生归类提问角度。教师从归类中发现提问角度的不足，让学生通过课文内容的品读，巧妙突破从写法角度提问这一难点。通过提问聚焦课题，揭示夜间飞行的秘密并发现二者之间的联系，从而帮助学生深入理解课文，初步达到提问的目的。】

(三)迁移运用巧提问，提问策略助阅读

(1)学生借助课后习题，巩固从不同角度提问。

(2)学生反馈交流，教师评价点拨。

【设计意图：学用必须结合，二者缺一不可。这一环节的设计，是让学生现学现用所学的阅读策略，完成对所学知识的运用与巩固，也是对本节课学习情况的检测。】

后　记

语文，永远在路上

我不是雄鹰，但我愿意效仿蜗牛，带领孩子们扒开荆棘、穿越丛林，在语文的路上走一步，再走一步；向上一点，再向上一点，直至金字塔的顶端。直到有一天，当我站在那自我实现的金字塔顶端的时候，我会骄傲地对自己说："曾经，我也努力过。这样的语文，真好！"

懵懂语文

小时候的我，除了上学，几乎天天跑到小溪里捉鱼摸虾，或者爬上山坡撒欢嬉闹。剩下一点点安静的时候，不是惦记谁家的桃子该红了，就是惦记哪家的梨子该甜了……经常等不到它们成熟的时候，我就偷偷摘下来一饱口福，引得邻居一阵大骂，甚至是吵上门来。

有一次，我们在学习《火车的故事》这篇课文时，我不明白什么是"火车"。于是，我就壮着胆子问老师。老师面无表情地对我说："火车就是蒸汽机车。"我摇了摇头，老师不耐烦地说："火车就是把内燃机装到车身上，制成内燃机车。后来，人们又发明了电力火车、磁悬浮列车，现在弄明白了吗？"我仍然不明白，但不敢再问老师，只能拼命点头装懂。可那时，我就在想，火车不是用煤炭的吗？怎么还有电力的、磁悬浮的？太深奥了，我越想越不明白。

那时候，我特别害怕修改病句之类的题目。比如，看到"他穿了一件新衣服和新帽子到学校上课"这一句时，我就认为穿新衣服、新帽子的，一定是个爱漂亮的女孩子。于是我就果断地把句中的"他"改成"她"，因此闹出了不少笑话。

我不仅害怕修改病句，也特别担心老师布置我们回家写作文。还好，老师经常布置的是一些《_____的一件事》《一个_____的人》等作文。因此，每次写作文的时候，我都是把当时的一篇课文《一只小木船》稍加修改，把"陈明"换成"李明""张明"，或者把"小木船"改成"钢笔""玩具"之类。每次想到这，我的心里总是无数次感激《一只小木船》这篇课文，它帮我解决了不少作文难题。

就这样，我在玩玩闹闹、浑浑噩噩中度过了小学、初中，语文成绩当然可想而知了。小学毕业时，语文只考了 78 分，自然与当时人人向往的"德化一中"无缘；中考的时候，120 分的卷子也才考了 87 分。还好，我是个典型的理科男，数理化成绩几乎都是满分，最终以超过录取线 5 分的成绩考进了师范学校，算是跳出了"农门"。

初识语文

1993 年，我第一次走出家门，来到泉州这个大城市。上师范学校的第一天，班主任郑老师让大家自我介绍，不少同学说起自己的爱好是"热爱文学"。那时，坐在台下的我使劲问自己"什么是文学呀"，好像这是我第一次真正听说"文学"这个词。

不过，正像很多读书人所说的，读书是不分早晚的，只有读与不读的差别。因此，我也开始跟那些爱好文学的同学一样，跑图书馆，泡阅览室，逛遍校园门口每一个租书的小屋子。什么古典的、外国的、武侠的、言情的……来者不拒。但我跟那些热爱文学的同学不同的是，读书的速度比他们慢了很多，别人一个晚上能看完的书，我常常不吃不睡也要看上两三天。有时候，为了急着还书，就囫囵吞枣翻了一遍，但书中的内容一点儿印象也没有。后来看书的时候，我只能由着自己，逐字逐句，细嚼慢咽。结果，一直羡慕别人戴眼镜的我，终于也近视了。

如果问阅读对我到底有什么影响，我觉得就是它打开了我认识这个世界的大门，让我知道原来童年里发生的那些事都是书里最精彩的故事，也让我知道原来会不会修改病句并不重要。阅读，让我从一个典型的理科男，转型为一名文艺小青年。

迷恋语文

1996 年，我从泉州师范学校毕业，被分配在一所乡村小学任教，成了一名语文老师。幸运的是，在前行的路上，我的课堂教学一次次得到许多教育前辈的指引和帮助。随着公开课的一次次翻新，我的课堂也发生了巨大的变化，由最开始的关注"人文性"到深挖文本、字字落实，再到注重"语言文字的运用"；由最初关注自己教学语言的激情澎湃，到关注文本、关注学生，最终实现了由"教师的教"转向"学生的学"的蜕变……我也从一名普通的语文教师，逐渐成长为语文"教坛新秀""教学能手"，直至县市"教学名师"。

正当我春风得意时，一位教育前辈点醒了我：一名优秀的教师不仅要会上课，还要会思考，能把自己的思想变成文字，引发读者的共鸣。于是，我开始把自己平时写的反思、随笔往各大杂志社投稿，可遗憾的是，所有的稿件都石沉大海。为什么？虽说我平时也经常读别人的文章，可那只是在读内容，没有注意别人写文章的结构、方法、路子呀！就像你去一个陌生的地方玩，如果只是跟导游逛一圈就回去，那么下次你再去同样的地方还会迷路。相反，如果告诉你这回跟着导游走，下回你自己要带团，结果就两样了。于是，我开始关注别人发表的文章，依葫芦画瓢。人家写几个段落，我也写几个段落；人家的文章头尾短、中间长，我的文章也头尾短、中间长。就是这么着，我的第一篇文章完稿了。

后来，我在听课之余和教学中发现当前"语用"教学存在"练笔热"这一现象，就结合几个课例写成了一篇论文《语文教学必须冷静对待"练笔热"》，并投稿给《小学语文教学》。经过几个月的漫长等待，我以为又石沉大海了，却意外收到《小学语文教学》寄来的样刊，我的处女作发表了。有了第一次，我开始学会审视教学中存在的问题，有了明确的努力方向，不断笔耕。就这样，一篇篇文章从笔下流出，一封封印有我名字的信件从不同杂志社寄到我手中，让我欣喜不已。

可以说，像我这样一个语文后进生，慢慢走上了学语文、爱语文的道路，不就是凭借后天不断的学习吗？但我知道天地很大，只要不迷失方向，我还可以飞得更远，可以拥有属于我自己的美丽蓝天。

藉此，我在导师与朋友们的鼓励下，将我的读写教学经历和部分想法，整理成《不同文体价值的教学探索》这本小册子。诚挚感谢黄国才老师在百忙之中拨冗为我的小册子作序。诚挚感谢黄文杼老师、张秋冬老师在百忙之中拨冗为我这本小册子提出修改意见。感谢曾在我教学之初就指导我一点点成长的连秀华老师、郑志体老师；感谢培养我逐渐走向"教出不同文体价值"的黄国才老师、陈朝蔚老师、陈星老师、傅结龙老师。当然，最想感谢的是我的家人，尤其是我的母亲和我的爱人，她们的智慧、善良、大气和勤劳，永远是我最珍贵的财富！

叶枚举

甲辰春于瓷都德化

参考文献

［1］中华人民共和国教育部.义务教育语文课程标准（2022年版）［S］.北京：北京师范大学
出版社，2022.

［2］叶圣陶.叶圣陶语文教育论集［M］.北京：教育科学出版社，2015.

［3］黄国才.语文课：用心做语文的事［M］.福州：福建教育出版社，2015.

［4］刘仁增.语用：开启语文教学新门［M］.福州：福建教育出版社，2015.

［5］刘仁增.语用课，开讲啦［M］.福州：福建教育出版社，2017.

［6］余文森.核心素养导向的课堂教学［M］.上海：上海教育出版社，2017.

［7］袁振国.教育新理念［M］.北京：教育科学出版社，2010.

［8］闫学.我负语文：特级教师闫学的教学艺术［M］.福州：福建教育出版社，2010.

［9］刘守华.中国民间故事类型研究［M］.武汉：华中师范大学出版社，2002.

［10］赵继承.中国古代诗歌语体论研究［M］.北京：人民出版社，2021.

［11］董卉川.中国现代散文诗剧文体范式研究［M］.北京：中国社会科学出版社，2021.

［12］孙建江.中国寓言研究（第一辑）［M］.杭州：浙江少年儿童出版社，2019.

［13］王庆华.话本小说文体研究［M］.上海：华东师范大学出版社，2006.

［14］舒伟.中西童话研究［M］.长春：吉林大学出版社，2006.

［15］吴承学.中国古代文体学研究［M］.北京：人民出版社，2011.

图书在版编目（CIP）数据

不同文体价值的教学探索／叶枚举著. —长沙：
中南大学出版社，2024.6
ISBN 978-7-5487-5855-6

Ⅰ．①不… Ⅱ．①叶… Ⅲ．①小学语文课－教学研究
Ⅳ．①G623.202

中国国家版本馆 CIP 数据核字（2024）第 107237 号

不同文体价值的教学探索
BUTONG WENTI JIAZHI DE JIAOXUE TANSUO

叶枚举　著

□出 版 人	林绵优	
□责任编辑	胡小锋	
□责任印制	唐　曦	
□出版发行	中南大学出版社	
	社址：长沙市麓山南路	邮编：410083
	发行科电话：0731-88876770	传真：0731-88710482
□印　　装	长沙雅鑫印务有限公司	

□开　　本	710 mm×1000 mm 1/16	□印张 13	□字数 212 千字
□版　　次	2024 年 6 月第 1 版	□印次 2024 年 6 月第 1 次印刷	
□书　　号	ISBN 978-7-5487-5855-6		
□定　　价	45.00 元		

图书出现印装问题，请与经销商调换